Début d'une série de documents en couleur

COLLECTION SAINT-MICHEL

MADELEINE MILLER

HISTOIRE ALSACIENNE

PAR

RAOUL DE NAVERY

3ᵉ ÉDITION

PARIS
G. TÉQUI, LIBRAIRE-ÉDITEUR
DE L'ŒUVRE DE SAINT-MICHEL
6, RUE DE MÉZIÈRES, 6.

1878

PUBLICATIONS DE L'ŒUVRE SAINT-MICHEL

Château de Saint-Hippolyte, par M. Eug. DE MARGERIE. 1 vol. In-12. . . . . 2 fr. »»
Contes et Nouvelles, par le même. In-12. 2 fr. »»
Rue des Poivriers, par le même. In-12. . 2 fr. »»
Gentilshommes de la Cuiller, par Ch. BUET. 1 vol. In-12. . . . . 2 fr. 50
Capitaine Gueule d'Acier, par le même. 1 vol. In-12. . . . . 2 fr. »»
Hôtellerie du prêtre Jean, par le même. 1 vol. in-12. . . . . 2 fr. »»
Mitre et l'Épée, par le même. 1 vol. In-12. 2 fr. »»
Landry, par R. de NAVERY. 1 vol. In-12. . 2 fr. »»
Madeleine Miller, par le même. 1 vol. In-12. 2 fr. »»
Rameur de Galères, par le même. In-12. . 2 fr. »»
Témoin du Meurtre, par le même. In-12. . 2 fr. »»
Causes sacrées, Le Roi, par le même. 2 vol. In-12. . . . . 4 fr. »»
Proscrit de Corinthe, par O. GUILMOT. 1 vol. In-12. . . . . 2 fr. »»
Trésor de Bassus, par le même. 1 vol. In-12. 2 fr. »»
Souvenirs d'un vieux Zouave, par le capitaine BLANC. 2 vol. In-12. . . . . 4 fr. »»
Passage d'un Ange, par la princesse OLGA CANTACUZÈNE ALTIERI. 1 vol. in-12 . . 2 fr. »»
Adoratrice du Saint-Sacrement (Une). Lettres spirituelles au R. P.*** 1 vol. in-18. 3 fr. »»
Solitude avec Jésus, Grand In-18. . . . . 2 fr. 50
Main de Dieu, par Mlle O'Kennedy. In-12. 1 fr. »»
Nièce de Madame Gérald, Traduit de LADY FULLERTON, par Mlle GEOFROY. 2 vol. In-12. 4 fr. »»
Ivanhoë, de Walter SCOTT, revu et corrigé par L.-A. JUMIN. 1 vol. In-12. . . . . . 2 fr. »»
Hurons et Iroquois, par le R. P. MARTIN. 1 vol. In-12. . . . . 2 fr. »»
Marcie, par M. DE BOISHAMON. 1 vol. In-12. 2 fr. »»

Paris. — Imprimerie Saint-Michel. — G. TÉQUI. — Apprentis de Saint-Nicolas. — 92, rue de Vaugirard.

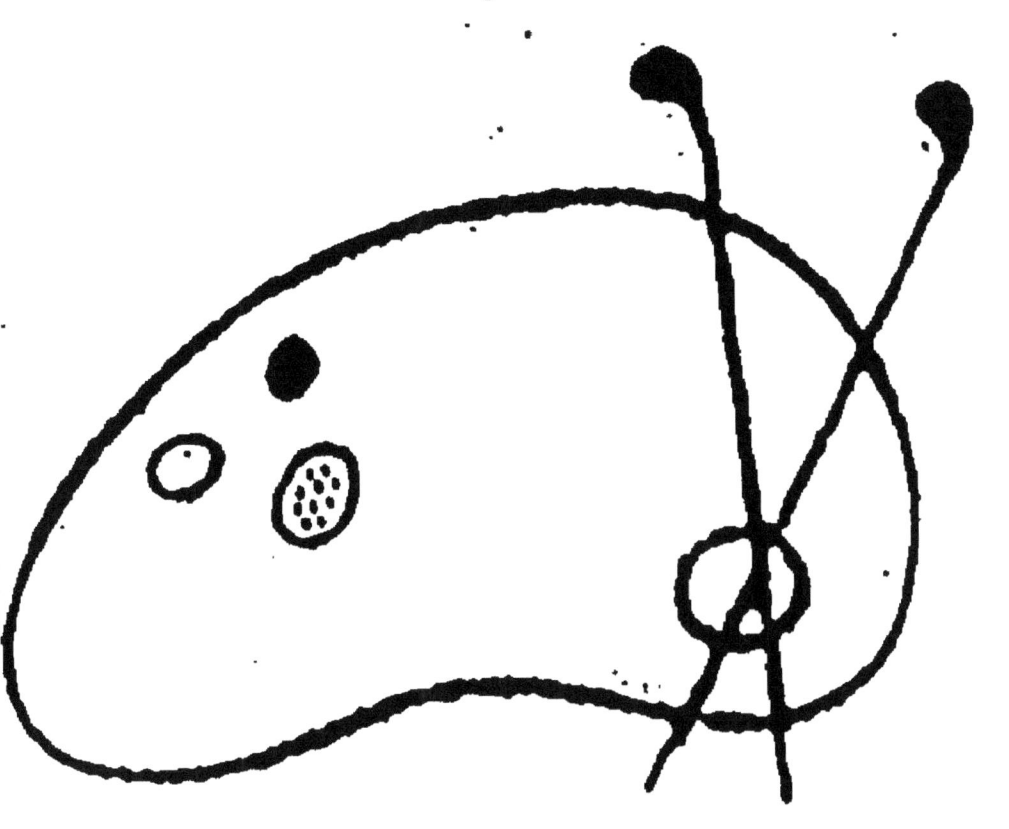

fin d'une série de documents
en couleur

MADELEINE MILLER

Paris. — Imprimerie Saint-Michel. — Apprentis de
Saint-Nicolas. — 92, rue de Vaugirard.

COLLECTION SAINT-MICHEL

MADELEINE MILLER

HISTOIRE ALSACIENNE

PAR

RAOUL DE NAVERY.

3ᵉ ÉDITION

PARIS

G. TÉQUI, LIBRAIRE-ÉDITEUR

DE L'ŒUVRE DE SAINT-MICHEL

6, RUE DE MÉZIÈRES, 6.

1878

MADELEINE MILLER

I

LE BOURGMESTRE AVEUGLE.

La ferme de Gottlieb Schawb était sans contredit la plus belle du village. On la nommait la ferme des *Houblons* en raison des admirables plantations que le propriétaire entretenait avec un soin jaloux. Houblons dans les champs, houblons drapant les murailles comme une tenture verte, houblons dans le jardin, houblons partout. Gottlieb en était fier, si tant est que le brave homme sentît quelque chose de comparable à l'orgueil. C'était un vieillard arrivé aux dernières limites de la vie, se recueillant dans l'avenir sans avoir à regretter le passé. Quatre-vingts ans d'honneur faisaient de Gottlieb Schawb le patriarche du village. On l'avait nommé bourgmestre afin d'attester publiquement le respect général ; et Gottlieb exerçait ses fonctions modestes comme un sacerdoce. Il devait à la droiture de son caractère l'estime de tous, à son amour du travail une situation de fortune florissante. Un malheur lui donna quelque chose de sacré : Gottlieb devint aveugle. La sérénité de son visage prit alors un caractère presque auguste : les soins dont il fut l'objet devinrent plus empressés, plus affectueux. Si la douleur de Gottlieb fut profonde, il s'attacha par dévouement pour les siens à la dissimuler, car jamais une parole de plainte ou même de regret ne s'échappa de ses lèvres.

Gottlieb prenait au sérieux ses fonctions, il gardait sur les habitants du village l'autorité de l'âge, de son titre et de sa bonté. Du reste, il s'attachait à donner à ses obligations un caractère champêtre, familier ; au lieu de s'enfermer dans une chambre close plus ou moins sombre pour y donner ses audiences, Gottlieb allait s'asseoir sous un chêne en été, et groupant autour de lui les voisins ayant des réclamations à faire, des différends à vider, des querelles à éteindre, il leur parlait au milieu d'une calme et robuste nature toujours féconde en conseils utiles. Il s'adressait au cœur plus qu'il ne consultait le code. Il prouvait que les procès ruinent une fois celui qui les gagne, et deux fois celui qui les perd. Il prenait dans ses mains indécises et tremblantes les mains des parties adverses et les réunissait dans une étreinte plus sûre que les contrats. Au-dessus des raisons de sagesse, de prospérité, il faisait prévaloir celle de l'Évangile et plus d'une fois, comme le grand exilé de Pathmos, il ne trouva d'autre avis, d'autre leçon à donner que cette parole : « Mes petits enfants, aimez-vous les uns les autres. »

S'il trouvait qu'un riche avare pressurait un pauvre diable, s'il n'espérait rien obtenir pour ce dernier, il puisait dans sa propre bourse, donnant quelques beaux florins neufs, ou envoyant un sac de blé ! On connaissait Gottlieb l'aveugle à vingt lieues à la ronde; quand il passait dans la petite ville de Kelh, dont le village était distant d'une lieue environ, chacun le saluait d'un mot amical, et pas un paysan suivant avec lui la grande allée plantée menant de Kelh à Strasbourg n'eût manqué de lui faire escorte et de lui offrir l'appui de son bras.

Gottlieb refusait toujours. Le plus souvent un chien le précédait ; un grand chien blanc comme la neige, né dans les Pyrénées et laissé par son maître à Gottlieb, en reconnaissance d'un service rendu.

D'autres fois le guide de l'aveugle était son dernier petit-fils, dont les gens du pays et la famille Schawb elle-même avaient pris à tâche d'oublier le nom de chrétien, et que sa difformité exposait à la risée de tous, sous le sobriquet de Kobold. Bien que blâmant l'injustice dont la cruauté frappait le pauvre être disgracié, Gottlieb n'avait pu obtenir que le petit bossu fût traité sur le même pied que ses frères. Son infériorité physique lui devenait à chaque heure un sujet de souffrance. Torturé, chassé par ses camarades, tenu à l'écart par ses frères, Kobold ne pouvait manquer de devenir irritable et de rendre souvent en ironie le mépris dont on l'accablait. Son grand-père s'efforçait d'atténuer les torts de tous, de rendre à cet enfant une sérénité chrétienne, mais il n'y réussissait pas toujours. Peut-être si Kobold n'eût pas quitté le vieillard se serait-il résigné à sa misère, mais chacun se croyait le droit de l'employer pour les courses, les travaux dont il ne voulait point se charger, et Kobold obéissait parfois avec de sourdes rages, et seulement dans la crainte d'être maltraité.

La famille de Gottlieb était encore nombreuse malgré les vides que la mort y avait faits.

La femme de l'aveugle mourut jeune en lui laissant un fils. Pour l'amour de cet enfant, Gottlieb renonça à toute autre union. La tendresse de Ludwig le récompensa de ce sacrifice ; de nouveaux sujets de joie s'ajoutèrent au bonheur d'avoir un fils accompli. Une riche héritière, nommée Jutta, apporta ses champs en dot à Ludwig et en fit un des riches propriétaires du village. Jutta était une belle fille, blonde, active ; un peu fière de sa fortune, assez dure, disait-on, pour le service, mais juste et généreuse avec les domestiques.

La naissance de trois enfants robustes vint ajouter au bonheur de la famille Schawb. Johann l'aîné ressemblait à son père, Fritz et Wilhelm, les deux jumeaux, étaient le portrait de la belle Jutta. La fermière était sans doute trop orgueilleuse de la prospérité de sa maison, de la tendresse de son mari, de la grâce forte et saine de ses fils. Une ombre se fit sur cette joie ; une épreuve l'atteignit en plein orgueil.

Quand pour la troisième fois elle devint mère, le petit être qu'elle reçut dans ses bras était si chétif, si pâle, si contrefait, ses pieds et ses mains se trouvaient en telle disproportion avec sa tête fuyante et pointue que les voisins de Jutta, les enfants du village, n'appelèrent jamais ce petit malheureux que le *Kobold*.

Jutta ne protesta pas, et son indifférence pour le pauvre disgracié devint vite de l'aversion.

Elle lui refusa tout ensemble son lait et ses caresses. On le confia à une femme d'un caractère dur qui le battit souvent, et Kobold grandit sans trouver l'amour et l'appui dont il aurait eu besoin comme d'une compensation divine.

Ludwig mourut trois ans après la naissance de son dernier enfant. Par une journée d'été dont la chaleur orageuse desséchait la terre et tourmentait les troupeaux, le taureau noir s'emporta, brisa ses entraves, courut affolé dans la campagne, menaçant de ses cornes aiguës ceux qui tentaient de l'arrêter. Ludwig se jeta au-devant de lui, lutta pendant quelques instants, mais le terrible animal se débarrassa du courageux paysan, et lui troua la poitrine. Ludwig n'eut pas même la force de se relever. Il expira sur le chemin. Dans la soirée, Jutta, qui l'attendait, vit entrer dans la cour quatre hommes portant un brancard de feuillage. Elle se jeta au-devant d'eux, souleva le drap enveloppant le cadavre et reconnut son mari.

Le choc qu'elle reçut au cœur fut horrible, mais

Jutta se raidit contre son désespoir et ne versa pas une larme. Par son ordre le corps de Ludwig étendu sur son lit fut entouré de cierges, le prêtre vint bénir le cercueil ; les enfants agenouillés sanglotèrent le reste du jour.

Kobold, quelque effort que l'on fît, ne voulut point quitter les pieds de son père, sur lesquels il collait sa bouche. Il ne pleurait pas, et la voix d'un voisin s'éleva pour lui reprocher son mauvais cœur : alors des yeux rouges du petit être jaillit un regard si puissant, si intelligent, que celui qui l'avait accusé ressentit une sorte d'effroi superstitieux.

Par ordre de Jutta on tua d'un coup de fusil l'animal qui avait causé la mort de Ludwig.

En revenant de l'office, Jutta prit ses trois enfants par la main et passa dans la chambre de Gottlieb.

Celui-ci était encore dans l'âge de l'énergie physique, mais son cœur saignait d'une façon cruelle, et il se disait que la mort de son fils allait le laisser bien isolé. Jutta ne possédait point une nature sympathique. Elle restait la bru de Gottlieb et ne méritait point le titre de fille. Cependant, quand Gottlieb la vit entrer avec ses enfants, il reçut une commotion violente, et un mot de Jutta pouvait alors briser la glace que rien jusqu'alors n'avait pu fondre entre eux.

« Mon père, dit Jutta d'une voix qui enlevait à ce mot sa tendresse confiante ; mon père, vous êtes seul maître de la ferme à cette heure et seul chef de la famille. Vous aviez abandonné la direction du bien à Ludwig, et Ludwig n'est plus ; il s'agit d'aviser. Johann, mon aîné, compte dix ans, il pourra se charger des moutons et des chèvres ; les jumeaux, qui ne consentiraient jamais à se quitter, mèneront les dindons et les oies aux champs. M'est avis que nous fassions de Hans notre toucheur de bœufs. Le premier valet de ferme, Hans, est doux, honnête et rangé ; sa raison dépasse son âge ; vous ne pourriez suffire à tout, et si vous vous réservez le soin de vendre, d'élever et d'acheter le bétail, il faut bien un homme intelligent et dévoué pour surveiller les autres domestiques. J'ai grande confiance en celui-ci ; trouvez-vous quelque inconvénient à ce qu'il prenne tout de suite possession de son emploi ?

— Non, Jutta, répondit Gottlieb, je n'en vois pas. »

Le malheureux père attendait un mot de consolation; il eût voulu que la veuve se jetât dans ses bras et pleurât avec lui ; mais Jutta sentait d'une autre manière. Certes elle ne restait pas insensible à la mort de son mari, mais elle réprimait toute faiblesse extérieure, quelque légitime qu'elle fût, pour s'envelopper d'une apparence de froide raison.

« Je vous prierai, mon père, d'annoncer vous-même cette nouvelle à Hans.

— Le domaine vous appartient, Jutta.

— Il sera l'héritage de mes enfants, et la main d'un homme tient mieux les rênes d'une grande entreprise que celle d'une femme, si habituée qu'elle soit à commander. Le soin de la maison me revient tout entier, Gottlieb Schawb, et ce fardeau suffit à mon activité.

— Je parlerai donc à Hans.

— Et vous vous chargez de tout ce qui concernera les étables ?

— Oui, Jutta, je m'en occuperai, quand j'aurai la force de penser et d'agir.

— Embrassez votre grand-père, dit Jutta, en poussant doucement ses enfants dans les bras de Gottlieb.

Le paysan les pressa sur son cœur avec une forte tendresse, puis il tendit la main à Jutta.

1.

Cette fois encore il parut attendre un mot de tendresse, un baiser filial, mais Jutta ne comprit pas le souhait de son beau-père, reprit ses enfants par la main et quitta la chambre du fermier.

Le paysan resta plus attristé qu'ému de cette visite glaciale, pendant laquelle le nom du cher mort n'avait pas même été prononcé ; il ne put au fond de son âme s'empêcher d'accuser Jutta de manquer de cœur. Il restait donc la tête inclinée, laissant couler entre ses doigts des larmes rares et brûlantes, quand il sentit un baiser sur sa main...

Ce baiser était timide, presque honteux. Gottlieb leva la tête, et vit debout près de lui Kobold, qui s'était glissé dans la chambre en grimpant le long d'un espalier, Kobold semblait encore plus hideux que jamais. Pour parvenir jusqu'à son aïeul, il s'était écorché les mains et les genoux ; ses vêtements pendaient en lambeaux ; ses cheveux roux emmêlés sur le front se hérissaient de paille, ses paupières enflammées, ses joues ruisselantes de pleurs contribuaient à doubler sa laideur. Les sanglots qui soulevaient sa poitrine, et qu'il s'efforçait d'étouffer, donnaient à sa lèvre des frémissements que la forme disgracieuse de sa bouche changeait en contorsions. Du reste, Kobold tremblait comme une feuille de peuplier. Ce qu'il faisait était si hardi qu'il redoutait d'être châtié pour son audace. Il avait quitté la servante chargée de le surveiller, escaladé le mur haut de deux mètres, et osé, lui le pauvre, le dédaigné de la famille, venir s'associer à la douleur de son grand-père quand nul ne lui demandait s'il avait même une âme, cet enfant gnome qui ne parlait guère que par signes et poussait des cris comme une bête sauvage.

Cependant les pleurs que Gottlieb sentit sur sa main, le geste ardent avec lequel Kobold enlaça ses deux jambes, soulagèrent le père désespéré. Malgré son apparence monstrueuse, cet être tenait à lui par des liens sacrés ; sa laideur devait le rendre plus cher et plus digne de pitié. Comment se faisait-il que sa mère ne l'eût pas compris et le sevrât de toute tendresse ? Lui, le vieillard, ne pouvait-il compenser par son affection ce qui manquait à Kobold, ce que nul ne semblait disposé à lui accorder dans sa famille ? Le bossu le sentit, car une flamme jaillit de ses yeux et transforma pour un instant sa physionomie.

Combien de temps Gottlieb et Kobold restèrent-ils ensemble ? Ni l'un ni l'autre ne s'en rendient compte. Pour la première fois de sa vie l'enfant se trouvait pressé dans des bras caressants.

A l'heure du repas, quand la cloche appela les travailleurs, le petit bossu grimpa sur la fenêtre, descendit par son échelle aérienne et retourna dans le jardin. La servante le cherchait ; le voyant couvert de terre et de paille, et s'apercevant qu'il avait troué ses vêtements, elle n'épargna ni les injures ni les coups, sûre de l'impunité assurée à la fois par le mutisme de Kobold et par l'indifférence dédaigneuse de la mère. D'ordinaire, quand il recevait un châtiment, Kobold criait de façon à être entendu de tous ; cette fois, comme s'il possédait une force, une consolation mystérieuses, il garda le silence, et si grande fut sa douceur que la servante rougit de sa brutalité.

Après le repas, qui fut silencieux, Gottlieb, sans rappeler le souvenir du malheureux Ludwig, annonça que Hans prendrait désormais les attributions de maître valet. Les autres serviteurs serrèrent la main de leur camarade. Hans, chéri, estimé de tous, ne fit point d'envieux, et chacun se réjouit de l'amélioration qui se faisait dans sa situation.

On se sépara de bonne heure. Dès le lendemain,

Johann conduisit le troupeau de moutons et de chèvres, et les deux jumeaux, armés de baguettes de saule feuillues aux extrémités, menèrent paître les oies. Jutta voulait tout de suite leur faire comprendre que la mort de leur père laissait un grand vide dans la famille et diminuait le bien-être à la ferme. Elle transformait le malheur en leçon pratique, et de cela nul n'osa la blâmer. Sans doute elle aurait pu obtenir le même résultat par d'autres moyens, mais la nature de Jutta était austère, le chagrin non plus que le bonheur ne pouvait l'assouplir.

Chacun fit bravement son devoir, Hans montra le dévouement d'un fils. Économe, sobre, rangé, il pouvait être cité comme un modèle à tous les serviteurs.

Les enfants de Jutta grandirent.

Johann, à quinze ans, valait déjà le meilleur valet. Quand le labeur du jour lui laissait un peu de relâche, il étudiait les livres d'agriculture ou s'entretenait avec Gottlieb et avec les vieillards du pays. Il avait pour son âge une taille forte et bien prise ; sa figure intelligente prévenait en sa faveur ; sa voix forte gardait parfois des notes d'une grande douceur. Il possédait à un haut degré cette aptitude musicale qui donne tant de charme aux réunions des familles allemandes. Il ne se passait guère de soir sans que Johann et ses frères chantassent quelque lied harmonieux et grave. Gottlieb souriait en écoutant. Kobold s'attirait en rampant on ne sait d'où ; les serviteurs reprenaient le chant en chœur, et chaque soir de printemps, chaque nuit d'hiver, avait son concert champêtre.

Fritz et Wilhelm, les deux jumeaux, grandissaient, et en même temps se complétait leur étrange ressemblance. Même regard bleu un peu pâle, même chevelure blonde, d'un blond de lin, touffue et naturellement bouclée ; même taille et même voix. Jutta, que cette ressemblance trompait elle-même, recourait à des subterfuges d'habillement pour arriver à les reconnaître ; mais Fritz changeait le signe distinctif avec Wilhelm ; et tous deux riaient de la méprise de la mère. Cependant Fritz était un peu plus frêle et plus pâle ; ses mains paraissaient plus petites, et sous les cheveux, à la tempe gauche, il avait un petit signe noir qu'on eût vainement cherché au front de son frère. Tous deux s'aimaient en jumeaux dans l'acception absolue de ce mot. Ils possédaient les mêmes goûts, ressentaient les mêmes désirs, aimaient Jutta d'une tendresse égale. Mais quel que fût leur attachement pour leur mère, ils lui préféraient Gottlieb. La tendresse du vieillard possédait tout ce qui faisait défaut à celle de Jutta : l'expansion. L'enfance a soif de bonnes paroles, de baisers, d'encouragements. Vouloir l'en priver, c'est ôter l'air à la plante, le soleil au fruit ; les fleurs s'étioleront, le fruit manquera de saveur. Gottlieb leur faisait une égale part de tendresse ; au fond peut-être préférait-il l'aîné Johann, celui qui dans cinq ou six années prendrait en main la direction de la ferme. Mais Gottlieb avait le cœur droit, l'esprit juste ; il eût redouté d'exciter entre ses petits-enfants une rivalité dangereuse pour leur bonheur et la paix de la famille, et s'il se sentait entraîné presque malgré lui vers Johann, il ne le manifestait qu'en donnant à celui-ci des conseils plus nombreux et plus graves.

Kobold seul restait dans la ferme sans attributions précises. On l'appelait tantôt pour une corvée, tantôt pour une autre. Mais, en raison même du peu d'habitude qu'il avait des mêmes labeurs, il s'acquittait assez mal de chacun. Sa difformité le rendait hargneux et méchant ; on eût dit que ses regards brûlaient et que ses lèvres étaient faites seulement pour le sarcasme et l'injure. Les souffrances secrètes qu'il ressentait l'éloignèrent progressivement de sa famille, on ne le jugeait bon à rien ; il se choisit une spécialité.

Par amour pour la solitude, les autres disaient par instinct de cruauté, Kobold entreprit de débarrasser les champs des taupes, des mulots : il fit le soir la chasse aux hiboux, emprisonna des chauves-souris, puis les cloua sur les portes des granges et jusque sur les murs. Il attrapait les couleuvres et les vipères, luttait contre les porcs-épics et passait ses journées et une partie de ses nuits dans les champs et dans les bois. On finit par ne plus s'étonner de ne pas le voir rentrer aux heures des repas. Il vivait alors de baies sauvages, de racines ou de morceaux de pain que le chevrier effrayé lui tendait de loin, le prenant pour un mauvais esprit. Si le cœur de Kobold se cuirassa au milieu de cette existence solitaire, il y gagna du moins de devenir industrieux et d'apprendre à se servir lui-même. Kobold se fabriquait des chaussures étranges, se tressait des chapeaux de paille, cousait comme un tailleur et chantait d'une voix de sauterelle des chansons bizarres que nul ne savait dans le pays.

Quand on lui demandait quel garçon les lui

apprenait, il haussait les épaules et répondait :

« N'avez-vous jamais écouté le vent dans les branches, la brise dans les blés, l'orage dans les montagnes et les concerts de l'oiseau? Tout cela me reste dans la mémoire et se traduit dans ma musique. »

A leur tour les curieux faisaient un geste de pitié dédaigneuse et s'éloignaient de Kobold.

Plus ses frères grandirent, plus la ferme gagna en prospérité, plus Kobold devint inutile et gênant. Paria repoussé, il n'y séjournait guère. Peut-être sentait-il qu'un jour il prendrait sa revanche, et dédaignait-il de lutter contre l'antipathie dont il était généralement l'objet.

La ferme des Houblons était devenue la plus belle des environs. Jutta pouvait à bon droit se montrer fière de la façon dont elle tenait les rênes de la métairie. Johann, devenu un beau jeune homme, se trouvait capable de conduire désormais la ferme, mais à ce moment il dut partir pour l'armée, et laissa à Fritz et à Wilhelm le fardeau que forcément il abandonnait. Gottlieb se multiplia, et si l'absence de Johann attrista la famille, elle ne nuisit pas du moins grandement à ses intérêts. Les valets étaient de bons serviteurs simples, dévoués et dociles. On adorait Gottlieb, et Jutta possédait l'estime générale ; on tenait à honneur de les servir, et quand un domestique sortait des *Houblons*, il trouvait tout de suite une place avantageuse.

Un brusque malheur fondit sur la famille. Gottlieb devint aveugle.

On épuisa les ressources de la médecine sans résultat pour le fermier. Il dut se résigner à cette épreuve terrible et se condamner en quelque sorte à l'inactivité. Mais si ses mains vaillantes ne s'occupèrent plus du labeur, il n'en restait pas moins capable de rendre de grands services.

Les paysans du village le comprirent. Par une délicatesse pleine de cœur et pour compenser en quelque sorte par une preuve de respect, de confiance et d'attachement, le chagrin du vieux fermier, le bourgmestre étant venu à mourir, Gottlieb fut élu à sa place. Il n'avait pas besoin de ses yeux pour juger patriarcalement les différends de ses administrés ; il reconnaissait à la voix ses anciens amis. Son infirmité, loin d'aigrir son caractère, lui communiqua quelque chose d'attendri, de touchant ; chacun autour de lui sentit redoubler son affection pour Gottlieb. On s'efforça de toutes les manières de lui faire trouver les heures moins longues ; on mit une exquise délicatesse à lui persuader que jamais il n'avait été plus utile. Mais ce qui surprit chacun, ce fut le changement subit de Kobold du jour où son grand-père devint aveugle. Cet inutile trouvait son emploi, ce réprouvé atteignit le salut, cet enfant repoussé, presque maudit, rentra brusquement dans la famille.

Kobold s'empara en quelque sorte de son aïeul ; quand la sinistre nouvelle de l'accident de Gottlieb l'atteignit au cœur, il tomba dans une horrible crise de désespoir ; caché dans un coin de l'étable, mordant ses poings pour étouffer ses cris, les yeux débordant de pleurs, secoué par les sanglots comme par une fièvre, les dents claquant avec un bruit sinistre, Kobold resta plusieurs heures perdu dans une souffrance horrible, qu'il lui eût été impossible de définir, mais qui déchirait son âme comme une blessure. Il n'osa se montrer tant que durèrent les visites du médecin, les espérances de guérison, les remèdes inefficaces, mais dont la famille s'obstinait à attendre un succès. Caché derrière les portes, sous les couvertures du lit, épiant, écoutant, il s'enfuyait dès qu'il craignait d'être surpris dans son filial espionnage. Mais au bout de deux semaines d'angoisse, toute illusion était perdue, et les gens de la ferme, avec la placidité qui fait le fond de leur caractère, ayant repris le cours de leurs occupations régulières, Gottlieb se trouva presque abandonné.

A la campagne, le temps de chacun est employé heure par heure. On ne saurait, sans entraver le labeur de tous, déranger celui d'un seul. L'équilibre produit l'ordre. Jutta remplissait son devoir envers son beau-père, mais strictement, autant parce qu'elle possédait plus le sentiment de ses obligations que celui de la tendresse, que pour ne pas changer la marche régulière des travaux dans la ferme.

Lorsque le vieillard habillé avec soin se trouvait assis devant la porte sous l'ombrage d'un grand rosier ou de la tonnelle de vigne, Jutta se croyait quitte envers lui et libre de l'abandonner. On ne pouvait rien lui reprocher, cela est vrai; elle remplissait son devoir strictement; Gottlieb lui rendait justice, et cependant, depuis que le fermier ne se mêlait plus à l'existence active, il sentait combien lui manquait ce quelque chose de puissant, de doux, de fortifiant, qui s'appelle la tendresse.

Fritz et Wilhelm restaient tout le jour aux

champs. Devenus actifs et capables, bons laboureurs et vigoureux garçons, ils ne pouvaient consacrer leurs heures à l'aveugle. Le repas seul les réunissait, et encore le plus souvent Jutta portait le dîner des ouvriers dans les champs où ils travaillaient. Au soir seulement ils échangeaient de bonnes paroles et quelques caresses; mais les jours, les longs jours, Gottlieb se demandait souvent ce qui viendrait en abréger la durée.

Par une brillante après-midi l'aveugle se trouvait assis sur le banc de pierre; les mains croisées sur ses genoux, il songeait. Sa pensée lui rappelait sa compagne morte dans la fleur de sa beauté, Ludwig son vaillant fils, tous deux descendus prématurément dans la tombe; il se demandait si Johann lui serait rendu, et l'infortuné sentait l'isolement faire pour lui l'obscurité du cœur comme la cécité faisait la nuit du regard. Tout à coup son oreille suivit un bruit de pas léger, un frôlement. Celui qui s'avançait marchait en timide, en penseur. Gottlieb tourna la tête du côté du marcheur. Tout à coup d'une façon subite, imprévue, presque sauvage, les deux mains de l'aveugle se trouvèrent emprisonnées par des mains petites mais rugueuses, et des baisers brûlants qui séchaient des larmes abondantes, firent ressentir au vieillard une des plus poignantes émotions de sa vie.

Kobold, à genoux sur le sol, poussant des cris de joie et de douleur, semblait pour la première fois entrer dans ses droits d'enfant, et compenser tout ce qu'il avait souffert de l'indifférence de tous, hélas ! même de Gottlieb....

« Kobold ! Kobold ! murmura le vieillard.

— Oui, moi ! répétait le pauvre être disgracié ; moi ! le nain que chacun repousse, le méchant que tout le monde craint... Tu ne verras plus ma laideur repoussante maintenant, père... Je pourrai te montrer mon cœur... Il te faut un guide, un chien... prends-moi... Oh ! comme je vais devenir bon ! comme je te soignerai... Je te conduirai chaque jour dans nos champs ; je sais les bois les plus frais, et l'endroit où poussent le mieux les fraises... Nous nous ferons une vie à nous deux... Jutta dirige la ferme ; mes frères labourent les champs ; personne n'a le temps de s'occuper de nous.... Tu n'auras plus honte de moi, n'est-ce pas ?... Nous existerons pour nous deux seulement... Si ma mère avait voulu, je l'aurais aimée... elle m'a refusé son lait, ses baisers, tout... Je suis le monstre, toi l'infirme ! Garde-moi... Je te dis-

trairai... toutes mes chansons tu les entendras...
Je gagnerai de l'argent pour toi, je sais travailler à
tout... Petite taille, bonne cervelle et grand cœur...
Mes yeux sont rouges et sans cils, mais ils voient
le chemin pour te conduire... ma taille est contrefaite, mes pieds sont agiles... Je me suis fait méchant ; au fond je suis doux peut-être... On m'a
repoussé, refoulé, aigri... Père, veux-tu m'aimer,
ou plutôt pourras-tu m'aimer, grand-père ? »

Ces mots furent entrecoupés de caresses des
mains et des lèvres ; le souffle de Kobold brûlait ;
sa voix trouvait des inflexions d'une douceur
exquise. Tout son être se donnait avec un tel
abandon, que Gottlieb, enlevant l'avorton dans ses
bras, le serra sur son cœur avec une puissance
indicible. C'en était trop pour les forces de Kobold ; les souffrances l'avaient trouvé fort, énergique, armé pour la lutte : cette joie soudaine de
l'adoption, de l'amour, le terrassa. Lui qui tout à
l'heure, arrivant presque à l'éloquence, se fût senti
capable de tout entreprendre pour sauver son
grand-père d'un péril, se sentit mourir de cette
caresse. Il s'évanouit presque dans les bras de son
aïeul. Gottlieb en fut plus touché qu'il ne l'avait
été l'instant d'auparavant par l'élan de Kobold. En

même temps un remords sincère lui traversa l'âme. N'était-il point coupable envers cet enfant? ne devait-il pas aller plus loin que l'enveloppe de cet être disgracié? Une fois déjà le naturel vrai de Kobold ne s'était-il point manifesté, lors de la mort de Ludwig? Mais l'homme est ainsi fait : la laideur le repousse, et par une étrange injustice il est toujours prêt à en faire le reflet d'une âme inférieure et d'une nature perverse. Oui, Gottlieb ressentit un amer repentir de sa conduite. Le dévouement de Kobold éclatant à cette heure était pour lui le plus terrible des reproches ; aussi, avec une douceur de voix à laquelle Kobold n'était pas habitué, s'efforça-t-il de lui répéter que jamais il ne l'avait banni de son cœur, et qu'il acceptait de ne point le quitter à partir de ce moment.

Les doigts hésitants de l'aveugle essuyèrent doucement les larmes du paria ; ils se promenèrent sur sa face pâle et caressèrent sa chevelure crépue. Kobold éprouvait une sorte d'ivresse. Il s'abandonnait à son bonheur avec une confiance, une joie, une reconnaissance inouïes. Il ne s'apercevait point que le temps passait. Il causait avec une douce animation, faisant passer devant l'aveugle une sorte de monde enchanté. Son égoïste tendresse allait jusqu'à ne plus s'attrister de la cécité de son aïeul :

« Tu seras tout à moi ! » lui disait-il.

Le soir, quand les enfants et les valets rentrèrent, quand la soupe fumante fut placée sur la table, Kobold prit la main de son grand-père et entra fièrement avec lui dans la salle. Au lieu de s'asseoir près du gardeur de chèvres, comme il le faisait d'ordinaire, il resta près de Gottlieb, afin de le servir. Si puissant fut le regard du petit monstre que nul ne s'éleva contre sa prétention et ne lui disputa son rôle. Du reste, Gottlieb se tournait souvent de son côté et souriait.

De ce jour-là, Kobold prit rang dans la famille, le plus humble, le dernier, soit ; mais il en eut un.

Au lieu d'aller coucher dans l'étable, dans la grange, ou le plus souvent dans les champs, l'enfant s'étendit au pied du lit de l'aveugle.

Le lendemain matin Jutta, voyant que Kobold s'acquittait avec intelligence de tout ce qui concernait son grand-père, vaqua aux soins de son ménage et parut de la sorte confirmer la mission qu'il s'était donnée. Kobold eut toutes les prévenances, Kobold se multiplia, et Gottlied, ayant eu besoin d'aller parler à un homme du village, ne rougit pas de prendre son petit-fils pour guide.

Du reste, un grand changement ne tarda pas à s'opérer dans les façons de l'enfant. Il comprit qu'il se devait d'avoir plus de soin de lui-même. Au bout de deux jours on ne le reconnaissait pas. Le visage propre, les cheveux peignés soigneusement, couvert d'un vêtement dont l'ampleur masquait un peu sa difformité, il prenait en dépit de sa laideur figure de chrétien. Sa bouche, qui connaissait les douces paroles, apprit le sourire et son front s'éclaircit doucement. Quand Gottlieb le bourgmestre donnait ses audiences, Kobold, assis près de lui, écoutait paisiblement, tout en se livrant à quelque travail de main. Il tressait des chapeaux de paille, faisait de la vannerie ou sculptait des pipes en racines de bruyère. Il était intelligent comme un bossu, ingénieux comme un naufragé.

Comprenant que cela ne suffisait pas, il résolut de s'instruire. Mais aller à l'école était impossible, il ne devait ni ne pouvait quitter son grand-père. Heureusement les idées ne lui manquaient pas. Il prit pour maître un enfant de son âge, et lui promit de solder en nature les leçons qu'il en recevrait.

Au bout de six mois, Kobold lisait passablement ; à la fin de l'année, il écrivait. Dès lors il se procura des livres, et, tout en distrayant Gottlieb, il poursuivit ses études. Nul, et pas même lui-même, n'eût pu dire comment il apprit à jouer d'un instrument ; mais un jour, à force de tailler, d'essayer de monter, de démonter une flûte, il en fit une en bois et en jonc ; l'oiseau chante sans avoir appris.

Gottlieb s'émerveillait de l'intelligence de Kobold. Il le chargeait d'écrire les lettres, de mettre au net les mémoires et les comptes des voisins. Peu à peu, à force de le trouver serviable, on finit par oublier la laideur de Kobold et par lui témoigner une sorte d'amitié.

De son côté, sous l'impression d'un remords humain, le petit paria, qui jadis poursuivait les animaux de sa haine, les couvrait de sa protection et paraissait préférer les plus disgraciés de la nature et les plus mal ébauchés. On eût dit qu'il se faisait apprivoiseur de monstres. Un vieux crapaud mangeait dans sa main des insectes et sortait de son trou pour l'entendre jouer de la flûte. Il élevait une chouette aux yeux ronds, qui restait des heures entières près de lui immobile et grave comme il convient à l'antique emblème de la sagesse. Enfin un petit porc-épic se roulait en boule à ses pieds et le suivait comme un chien.

La paix régnait dans la famille du fermier, quand le retour de Johann vint doubler la joie de tous. Le soldat revenait prendre le manche de la charrue et labourer des champs qu'il n'avait cessé de regretter.

Ce fut une belle journée aux *Houblons*, que celle de l'arrivée de Johann. Jutta pleura de joie; Gottlieb alla au-devant du voyageur. Johann eut peine à reconnaître Fritz et Wilhelm, devenus des hommes, et plus encore le Kobold. Le soir les vieux amis de Gottlieb et les jeunes camarades de Johann vidèrent plus d'une pinte de bière à la ferme pour fêter le fermier.

Hans attendait sans doute le retour de son maître pour se séparer de la famille Schawb. Trop dévoué pour laisser dans l'embarras la fermière et le vieillard aveugle, il annonça ses fiançailles avec Roschen, une jolie et pauvre fille du pays, quand il comprit que son départ ne laisserait pas un trop grand vide.

On le regrettait pourtant. Hans était sobre, laborieux, fidèle, mais chacun comprenait qu'il sentit à son tour le désir de se créer un foyer.

Gottlieb voulut même lui faire un don, sur lequel le digne Hans était loin de compter. Le jour de son mariage, le vieil aveugle conduisit à la petite ferme de son ancien valet une belle paire de bœufs roux marqués au front d'une étoile blanche.

Jutta, quoique intéressée, ne fit aucune observation, Fritz et Wilhelm portèrent à leur tour des meubles fabriqués par eux-mêmes dans les soirs d'hiver, et Kobold, une cage immense remplie d'oiseaux qu'il avait pris et qui devaient, disait-il, réjouir la jolie Roschen.

La petite ferme de Hans semblait, à vrai dire, une prolongation du domaine des Houblons. Les champs se touchaient, la maisonnette de Hans ouvrait ses fenêtres sur le jardin de Jutta. On se séparait, on ne se quittait pas.

Roschen sut s'attirer les bonnes grâces de Jutta, et il ne se passa guère de jours sans que le jeune ménage fît une visite aux gens des *Houblons*. Gottlieb surtout se plaisait entre ces laborieux travailleurs. Il donnait à Hans de précieux conseils, causait avec Roschen, et voulut être parrain de leur premier enfant. L'amitié de Kobold pour Lili devint une sorte de culte. Ce pauvre être semblait ne plus vivre que pour se dévouer.

2.

La petite famille de Roschen égaya les Houblons; l'aveugle aima les enfants de Hans comme s'ils étaient ses derniers-nés. Peu à peu il devint presque impossible de savoir qui les chérissait le plus, des Schawb ou de leurs parents. On les voyait à toute heure dans les prés, jouer avec Johann, chevaucher sur l'épaule de Fritz ou de Wilhelm, ou les yeux grands ouverts écouter quelque conte de Kobold sur les vieux manoirs du Rhin ou sur la perfide Loreley.

Les Houblons s'arrondissaient, grâce à des acquisitions nouvelles ; Gottlieb devenait riche sans y songer. Chaque année ajoutait à la considération de la famille. Le village entier chérissait l'aveugle, et Kobold, réhabilité par son amour filial, n'effrayait plus que ceux qui ne le connaissaient pas. Johann était le plus honnête, le plus beau garçon du village, et les jeunes filles se demandaient parfois en baissant les yeux pourquoi l'idée ne lui venait pas d'en choisir une pour fiancée.

Johann y songeait et Johann devenait triste. Depuis quatre ans il refoulait en lui un immense besoin de tendresse que ne satisfaisait d'une façon absolue ni l'austère affection de Jutta ni l'amitié de Fritz et de Wilhelm. Pendant bien des mois, bien des jours, cette aspiration vers la famille resta pour ainsi dire à l'état vague. Johann se disait bien que le soir, au retour d'une journée de labeur, il lui serait doux de trouver sur le seuil une figure souriante et de sentir de petits bras l'enlacer; mais il ne détaillait pas le visage accueillant, il ne donnait pas de nom à l'image indécise. Il se répétait même que le devoir le forçait d'attendre et qu'il n'aurait le droit de penser à son bonheur personnel qu'après avoir assis celui de sa famille sur des bases solides. A mesure que ce moment approchait, une sorte d'impatience gagnait le jeune homme. Il lui arrivait de regarder avec envie le bonheur domestique de Hans. Le soir plus d'une fois il alla s'asseoir au foyer de son ancien valet et, jouant avec les enfants, il se demandait quand la ferme des Houblons s'égaierait d'une femme belle et douce, active et soigneuse comme Roschen.

Un jour il n'osa plus interroger son cœur, sûr que son cœur lui répéterait un nom devenu trop cher. La mélancolie le gagna, une mélancolie sombre comme celle des paysans, qui, ayant en général un nombre d'idées restreint, se jettent et s'absorbent aisément dans celles qui leur remplissent le cœur.

Fritz et Wilhelm étaient trop occupés de leur

besogne pour s'apercevoir de la tristesse de leur aîné ; Jutta, dont la vie avait subi de dures épreuves, eût traité le chagrin de son fils de rêverie creuse. Gottlieb le devina en partie à l'accent plus bas et plus lent de la voix de son petit-fils ; il attendit une confidence, il tenta de mettre Johann sur la voie, mais celui-ci, persuadé qu'il devait d'abord s'ouvrir à sa mère, retint le secret qui lui brûlait les lèvres.

Il redoutait l'opinion de Jutta ; il savait que les questions de devoir la touchaient, mais que les mots de tendresse la laissaient insensible. Il redoutait de lui dire implicitement : « J'ai vécu longtemps pour vous, pour la famille, je veux maintenant exister pour moi. » Jutta, égoïste presque sans le savoir, et s'exagérant un peu les obligations de ses enfants envers elle, trouvait juste qu'ils lui donnassent toute leur vie. Elle ne s'était pas remariée par amour pour eux : ne pouvaient-ils point renoncer au mariage par dévouement pour elle ?

Remettant de jour en jour sa confidence, Johann, devenu profondément malheureux, se fixa une date pour tout avouer à Jutta, et se fit la promesse d'avoir le courage de lui montrer le fond de son cœur après le prochain marché.

II

MADELEINE.

Dans un des plus modestes quartiers de Strasbourg on remarquait une boutique de forme bizarre. Placée entre une dizaine de magasins divers, sous un porche à colonnes courtes et réunies par une porte dont la première partie s'ouvrait à la façon d'un volet, tandis que l'autre servait de barrière, de porte et de balcon, elle donnait fort peu de jour par les fenêtres, en partie masquées par des armoires vitrées placées en dehors et que l'on rentrait chaque soir dans l'intérieur de la boutique.

Des rayons chargés de toile d'Alsace peinte, de draps solides, de bonnets de laine bariolés ; des comptoirs remplis dans leur partie inférieure de cartons pleins de rubans noirs destinés à se nouer sur la tête et à former un large papillon ; des boîtes renfermant des bonnets brodés de paillettes et surchargés de fleurs d'or, des pièces de corsage du même genre et des coiffures d'enfant alourdies de dentelles, de pasquilles, de fantaisies étranges changeant en monuments les béguins des nouveau-nés. Puis des verroteries servant à mille usages, à broder des ronds de serviette, à former des embrasses aux rideaux, à confectionner des plateaux de carafe, des bobèches et des vide-poches. On trouvait de tout dans cette boutique, car les vitrines étalaient des pipes de porcelaine immenses, des jouets d'enfant, des bijoux en filigrane d'acier, des verres de Bohême et des bouquets de mariée. Tout cela criait bien un peu, mais gardait au moins une apparence de bonne humeur.

Du reste, sous le porche, aucune boutique ne comptait autant de chalands. Les voisins jalousaient un peu la chance des propriétaires, mais ceux-ci semblaient avoir à tâche de la faire oublier par leur serviabilité envers tous et leur bonté pour les malheureux.

Cette boutique, dont l'enseigne représentait un mouton la tête ceinte d'une auréole, s'appelait : *l'Agneau de saint Jean,* sans doute pour affirmer l'excellente qualité des laines que l'on y vendait.

Dans le demi-jour on apercevait allant et venant, preste, escorte et cependant grave, une jeune fille de dix-huit ans, vêtue à la mode de l'Alsace. Jupe courte, taille montant presque sous le bras, tablier voyant, papillon noir sur le front ceignant une sorte de petit casque brodé d'argent et d'or. L'exiguïté du magasin ne permettait pas d'y souffrir de désordre ; aussi Madeleine n'avait-elle jamais le temps de se reposer entre la visite de deux chalands; quand il s'en trouvait plusieurs à la fois, elle se multipliait avec tant de grâce, que nul ne lui en voulait d'attendre son tour. Du reste, afin d'effacer la mauvaise humeur de quelques ménagères pressées par l'heure, la marchande donnait bon aunage, offrait des dragées aux enfants ou faisait une concession sur le prix.

On la savait d'une probité si parfaite qu'on n'hésitait pas à envoyer chez elle de tout petits enfants chargés de commissions importantes. Madeleine mettait une double attention à les servir en conscience. C'était merveille de la voir fournir à tout ce que cette boutique exigeait de soin et de mouvement. Jamais elle ne se disait lassé, jamais elle ne se plaignait, et cependant la besogne eût paru au-dessus des forces de femmes plus robustes qu'elle.

Madeleine n'était cependant pas seule dans le petit magasin de l'*Agneau de saint Jean*. Assis dans un fauteuil, fumant sa pipe et regardant les passants, se tenait un homme de cinquante-deux ans environ. Son front rasé, sa rude moustache, l'expression de son regard, quelque chose de réglementaire en quelque sorte dans sa personne, prouvaient qu'il avait été soldat. Du reste, on ne le connaissait dans le quartier que sous le nom du père Mâche-Balle. Enfant de l'Alsace, il s'était engagé comme volontaire à l'âge de dix-huit ans, avait fait un second congé, gagné des chevrons et la croix en Algérie, où il avait servi dans un régiment de zouaves ; puis, souffrant un peu lors des changements de temps des suites d'une blessure reçue à la tête, il était revenu dans son pays serrer la main de ses amis et prier sur la tombe de ses morts.

Il s'éprit d'une brave enfant devenue orpheline et qui apportait en dot le magasin de l'*Agneau de saint Jean*.

Comme tous les anciens militaires, Louis Miller, que ses camarades d'Afrique appelaient Mâche-

Balle, se montra pour sa femme d'une angélique douceur et la rendit parfaitement heureuse. Leurs affaires prospérèrent. Deux enfants vinrent ajouter à leur félicité. Madeleine et Louis, sans être gâtés d'une façon imprudente, grandirent dans une atmosphère de chaude tendresse. Toute petite, Madeleine apprit son métier de marchande, et sa mère souriait en voyant avec quel sérieux l'enfant détaillait du fil, des épingles et des lacets.

L'instruction de cette mignonne créature se borna à la lecture, à l'écriture et au calcul. Une partie des soins du ménage retomba vite sur elle, car sa mère ne pouvait à la fois auner la toile et préparer le dîner.

Madeleine fit de l'intérieur de la maison modeste une merveille de soin et de propreté. Elle se complut dans cet ordre minutieux qui charme le regard et communique à toute chose une apparence d'honnêteté et de grâce. Elle voulut même se charger seule d'habiller, de soigner Louis et de le conduire à l'école.

Le père Mâche-Balle voulait que son fils fût plus instruit qu'il ne l'avait été lui-même.

« On m'eût donné les épaulettes si j'avais été savant ! » disait-il. Et Louis travaillait mieux, sinon pour gagner les épaulettes, du moins pour satisfaire son père.

La famille Miller était trop heureuse ; l'épreuve tomba sur elle inattendue, foudroyante ; la mère de Madeleine et de Louis mourut en quelques jours, emportée par une fièvre maligne.

La douleur de Mâche-Balle fut terrible, farouche. Ce soldat, qui avait affronté si souvent la mort et vu tomber autour de lui sur les champs de bataille tant de braves frères d'armes, se sentit brisé, anéanti, par le trépas de Catherine.

On eut bien de la peine à l'arracher à sa tombe, et quand il rentra chez lui, refusant de manger, et même de voir ses enfants, il s'enferma dans sa chambre.

Madeleine, frappée au cœur par la perte de sa mère, attendait de Mâche-Balle soutien et consolation.

Elle comprit tout de suite que c'était elle au contraire qui devait fortifier cet homme, héroïque en face de l'ennemi et devenu faible devant une tombe.

L'âme pleine d'angoisse, essuyant les pleurs de Louis pendant qu'elle refoulait les siennes, Madeleine réagit contre son immense douleur et vaqua aux soins ordinaires de la maison.

Un client ayant franchi le seuil de la boutique, elle le servit, et jusqu'au soir auna de la toile, du drap, détailla de la mercerie, se retournant pour s'essuyer les yeux, et courant embrasser Louis entre deux ventes.

Une voisine, comprenant quel vide faisait la mère dans la maison, entra vers le soir dans la boutique. Madeleine portait sur ses bras tendus une pile de pièces de cotonnade pour les mettre en ordre ; elle n'aperçut pas la brave femme, nommée dans le quartier la Joviale à cause de sa gaieté, de sa rondeur et de sa bonhomie.

« Me voilà, dit-elle, me voilà, ma petite Madeleine, tu ne peux pas tout faire, malgré ton vouloir. Je sais bien que dans des jours pareils les larmes éteignent l'appétit ; mais il faut se faire une raison, et songer que les forces ont besoin de se renouveler, si l'on veut remplir la tâche du lendemain. Range tes indiennes, ma fille ; je sais où est la cuisine et les fourneaux me connaissent... Que de fois avec ta mère j'y ai confectionné la choucroute du ménage ou fait sauter des crêpes dans la poêle ! Je m'occuperai du dîner ce soir, mon enfant....

— Ah ! Joviale ! s'écria Madeleine en sautant au

cou de sa voisine, il ne s'agit pas de moi ! je me sens forte et courageuse ; mais de mon père... Il a chassé le lion et vaincu les Kabyles, mais il sanglote comme un petit enfant à cette heure, et ne nous permet pas même de le consoler... J'ai frappé à sa porte, j'ai pleuré, supplié, il a refusé de m'ouvrir.... S'il allait ne plus nous aimer, Joviale...

— Un père ! allons donc ! ma petite Madeleine. D'ailleurs sois tranquille ! tout zouave qu'il est, il ne me fera pas peur....

— Parlez-lui doucement, Joviale.

— Moi ! je le malmènerai, au contraire ! On peut, on doit regretter sa femme ; mais quand les enfants restent, n'est-il plus de place dans le cœur pour eux ? ta croix est assez lourde, ma fille, pour que personne n'ajoute au fardeau. »

Joviale monta l'escalier.

Arrivée sur le palier, elle entendit un bruit de pas dans la chambre de Mâche-Balle. Parfois, de sourdes exclamations sortaient de la poitrine de l'ancien soldat ; il s'arrêtait alors, un râle passait ses lèvres, et le nom de Catherine se distinguait dans un sanglot.

Joviale heurta à la porte.

Mâche-Balle ne l'entendit pas ou ne voulut pas l'entendre.

« Écoutez, dit Joviale en profitant d'un moment de silence, écoutez, voisin, et répondez-moi : faut-il mettre une croix et des fleurs sur la tombe de Catherine ? »

La porte s'ouvrit brusquement.

On eût dit que cette parole de l'excellente femme rendait à Mâche-Balle une partie de celle qu'il venait de perdre... Il garderait sa tombe, la place où elle dormait ; il pourrait chaque jour l'entourer d'un culte pieux et lui prodiguer les marques d'un constant souvenir. Lui qui, jusqu'à cette minute, s'était jeté pour ainsi dire dans le gouffre de la séparation, entrevit un point de contact, une communication d'outre-tombe. Il pourrait placer sur le tertre noir qui la couvrait le symbole de la résurrection et de la réunion éternelle ; il pourrait envoyer à cette âme les parfums de l'encens, des fleurs, de la prière.

Joviale resta épouvantée de ce que vingt-quatre heures de souffrances avaient fait de cet homme robuste. La face était pâle, les joues caves, les yeux bistrés, les paupières rouges. Le corps restait agité d'un tremblement nerveux, et les jambes soutenaient mal le corps défaillant.

En voyant Joviale, la douleur de Mâche-Balle éclata en mots rapides et sans suite.

« Vous êtes bonne, dit-il, vous songez à tout.. La pauvre morte ! nous lui choisirons les fleurs qu'elle aimait le mieux.... Que la croix soit noire avec des larmes blanches... Des larmes ! J'en verserai toute ma vie.

— Et vous aurez raison, voisin, car la Catherine était un cœur d'or et un doux esprit, et Dieu sait si Madeleine lui ressemble... Voici le printemps, nous sèmerons des violettes, nous planterons des lis, la croix sera là demain matin... Ne faudrait-il point commander aussi des messes pour sa pauvre âme ?....

— Faites ! répéta le soldat, faites ce que vous voudrez, Joviale... Je vous remercie de ne point nous abandonner dans notre malheur.

— Ah ! pour rien au monde je n'aurais voulu négliger dans un moment pareil des voisins, des amis.... Songez donc, Mâche-Balle, un homme abattu par le chagrin et devenu plus faible qu'un enfant.... Car enfin, Madeleine, dont la tendresse pour Catherine égalait au moins la vôtre, s'efforce d'imposer silence à sa douleur pour consoler son frère et vaquer aux soins de la boutique... Parlez donc de la bravoure des hommes, en comparaison de la vaillance de cette jeune fille... Mais elle sait que Louis aura besoin, ce soir de pain, et demain de souliers, et la pauvre petite ne néglige pas le commerce qui fait vivre... Encore si quelqu'un la réconfortait et lui disait : « Ce que tu fais là est bien, ma chère Madeleine ! » mais non, il semble qu'il soit trop naturel aux femmes de se dévouer pour qu'on le remarque... Vous disiez donc par rapport au cimetière... »

Mâche-Balle ne parut pas entendre, ses pensées venaient de prendre une autre direction.

« Pauvre Madeleine ! murmura-t-il.

— Par exemple ! reprit Joviale, Catherine sera contente de moi... ce qu'elle chérissait du plus profond de son âme, Louis, Madeleine, ne seront point délaissés par son amie... Si le temps me manque pour porter des fleurs sur la tombe de la morte, il ne me fera jamais défaut pour soigner ses enfants, l'âme de sa vie et la part survivante d'elle-même... Chacun honore les morts à sa manière... Vous aurez donc des violettes, des lis, des rosiers pour la tombe, une croix noire avec des larmes blanches, et des prières à l'église...

— Mes enfants ! mes enfants ! les enfants de Catherine ! dit le soldat en cachant son front dans ses mains.

— Les voici ! » dit Joviale en les poussant dans ses bras.

Le zouave pressa Madeleine et Louis sur son cœur avec une force intraduisible, puis des larmes abondantes coulèrent sur sa face bronzée.

La voisine s'éloigna sans bruit.

Une heure plus tard elle rentrait et forçait toute la famille à descendre. Un couvert bien blanc s'étalait dans l'arrière-boutique, et quelques mets simples servis dans des plats de faïence exhalaient une suave odeur de cuisine d'Alsace. Avec mille bonnes paroles, des encouragements de toute sorte, une tendresse où la volonté se mêlait à la prière, Joviale exigea que la famille prît part au dîner. On mangea peu ; mais enfin on soutint les forces épuisées, et quand l'heure du repos fut venue, Joviale borda elle-même le lit des enfants, resta près de celui de Madeleine, et la quitta au moment où elle s'endormait.

Madeleine comptait quatorze ans ; sa raison précoce, l'habitude de suivre partout sa mère, d'écouter ses leçons, de mettre en pratique ses moindres conseils, de la remplacer dans mille occasions faisaient d'elle une enfant bien au-dessus de cet âge. Elle connaissait toutes les marchandises renfermées dans la boutique, et sans verbiage savait en vanter la qualité. E'le avait plus de politesse que d'empressement ; son sourire était le même pour l'acheteur qui lui permettait de gagner quelques francs que pour le chaland qui sortait sans avoir fait un choix.

Après la mort de Catherine, le soin de la vente primait tous les autres dans le modeste ménage. Il fallait vivre. Mais Madeleine, courageuse comme l'était jadis la chère morte, mit son orgueil à ne rien négliger et à faire marcher de front ses multiples devoirs.

Pour cela un aide lui était nécessaire. Elle avait besoin de la raison, de la docilité de son frère Louis ; le petit garçon devait comprendre autant que sa sœur les embarras du présent et l'aider à en sortir. Madeleine ne voulait pas d'abord reporter une part du fardeau sur son père. Elle eût craint que les soucis joints à sa profonde douleur ravivassent ses souffrances et en vinssent à altérer sa santé !

3.

Le lendemain du jour où Joviale avait rempli une mission d'amie dans ce morne intérieur, Madeleine se leva bien avant le jour et réveilla son frère en l'embrassant au front.

« Louis, dit-elle, il faut que je te parle comme une sœur aînée, comme une mère... Le chagrin empêchera de longtemps notre père de travailler, même si sa santé le lui permet... Nous sommes donc seuls, tout seuls ; quand le père aura le courage de sortir, ce sera pour aller chez les négociants et les marchands en gros ; mais la boutique, le ménage, la cuisine, nous regarderont tous deux... Je n'aurai plus le temps, comme autrefois, de peigner tes cheveux, de te dire des histoires ; il faut que subitement tu deviennes un homme par le courage et la volonté !... Au lieu de jouer avec tes camarades, tu travailleras près de moi ; le soin de faire les provisions te regardera ; tous les fruitiers et les petits fournisseurs sont de braves gens ; ils se feraient scrupule de tromper des orphelins... Nous ne devons user d'aucun crédit, et nous ne contracterons pas de dettes... Voici l'ordre de chaque jour, nous l'observerons comme des moines dans leur couvent... Je t'éveillerai à cinq heures en été, à six en hiver ; tu feras ton lit, tu t'occuperas de ta toilette, et lorsque rien ne manquera ici, ni l'eau dans la fontaine, ni le pain dans l'armoire, tu courras au marché. Tu pourras ensuite partir pour l'école. Apprends bien, mon Louis ; l'homme instruit gagne plus facilement sa vie et arrive vite à une position honorable. Tu ne connaîtras guère les parties de balle, les billes et les amusements de ton âge ; à l'heure où tes camarades quitteront la classe, tu rentreras vite ici pour m'aider encore... On dînera le soir en rapprochant les couverts, puisque nous serons un de moins à la table de famille... Après le repas tu feras tes devoirs, tu apprendras tes leçons ; pendant ce temps je m'occuperai du linge de la maison. Nous nous coucherons de bonne heure, toi du moins, et le lendemain nous reprendrons le même labeur... Acceptes-tu, Louis ?

— J'accepte ! dit l'enfant en se jetant dans les bras de sa sœur.

— Et tu as compris l'importance de ce que je te demande ?

— Un travail sans repos, sans jeux, sans relâche, mais le bonheur de t'aider à rendre la paix à notre père et à lui faire oublier l'amertume de son chagrin.

— Bien, mon Louis ! bien ! lève-toi donc et commence dès aujourd'hui ce que tu feras pendant de longues années. »

Louis fut sur pied un quart d'heure après ; avec un empressement affectueux il vint en aide à sa sœur, et les deux enfants déployèrent tant de zèle que le repas se trouva prêt à l'heure habituelle.

Mâche-Balle ne songea pas à s'en étonner. Il restait plus occupé de sa tristesse que des consolations ménagées par la Providence.

Ce soldat, accoutumé à la régularité dans les moindres choses, ne se demanda point par quel miracle deux enfants réalisaient ce que faisait Catherine.

Mâche-Balle descendait à ce qu'il appelait l'heure réglementaire, trouvait le déjeûner prêt, les enfants vêtus proprement, le ménage en ordre; il s'asseyait sans parler, mangeait la soupe fumante, embrassait Louis, qui partait pour l'école, recevait des mains de Madeleine sa pipe de porcelaine bourrée de tabac, puis, lui faisant un signe affectueux, il prenait une chaise et s'asseyait sous la porte ou devant la vitrine du côté gauche.

Parfois il causait avec le ferblantier du coin ou racontait ses campagnes d'Afrique au marchand de jouets d'enfant dont la boutique tenait à la sienne.

Ce brave homme l'écoutait à la façon dont la sœur Anne prêtait l'oreille aux récits d'Énée ; comme tous les êtres faibles, il adorait et respectait les forts. Pour Friquet, le zouave était un héros que dépassaient à peine Alexandre, César et Napoléon. Friquet, dont les jambes torses ne pouvaient supporter le corps bouffi, s'émerveillait d'entendre Mâche-Balle parler de ses courses à travers la Kabylie. Doué de la vive imagination qui est souvent l'apanage des êtres contrefaits, il prouvait par l'expression de son visage la part qu'il prenait xau récits de son ami. Il poursuivait avec lui les Arabes, guettait l'ennemi dans les fourrés, le traquait par la nuit obscure, riant de la panthère qui pouvait le dévorer et de l'ennemi qui pouvait le surprendre.

Le zouave aimait Friquet et passait avec lui de longues heures, se berçant lui-même par ses récits, laissant sa pensée s'endormir en même temps que montait la fumée de sa pipe. Son influence agissant sur le paisible marchand de jouets, Friquet avait peu à peu remplacé les moutons inoffensifs de son bazar, les chiens de carton et les grenouilles de bois, les arlequins et les polichinelles, par des soldats de toutes armes.

Plus d'une fois le zouave à l'aide d'un couteau tailla une amusante figure de turco ou la face grave d'un Bédouin.

D'abord Friquet refusa de vendre les essais artistiques de son ami, mais peu à peu Mâche-Balle, prenant goût à ce travail, sculpta des pipes d'une fantaisie étrange et des têtes de soldats exotiques qui firent le bonheur des bambins.

Après avoir causé avec Friquet, Mâche-Balle rentrait dans la boutique, regardait Madeleine allant et venant avec la légèreté d'un oiseau.

Elle le chargeait de faire les commandes de marchandises. Il en profitait pour faire quelques visites à de vieux amis.

Louis arrivait à quatre heures, se débarrassait de ses livres, rendait compte de sa journée et toute la famille se mettait à table.

Quand il eut douze ans, l'écolier entra en apprentissage chez un charron.

« Il faut savoir un métier, disait l'ancien zouave. En temps de guerre il est bon de pouvoir remettre une roue et remplacer le fer d'un cheval ; en temps de paix on forge des socs de charrue. »

Louis travailla, mû par le double désir de gagner bientôt quelque argent et d'ajouter au bien-être de la famille, puis pour convaincre son père qu'à son tour il deviendrait un homme.

Les rapports de l'ancien zouave avec le marchand de jouets ne restèrent pas infructueux ; peu à peu les charges de Mâche-Balle prirent faveur, et les soldats de Strasbourg ne fumèrent plus que dans des pipes sculptées par le troupier.

Madeleine en fut satisfaite, non pour le bénéfice que son père en retirait, mais parce qu'elle lui voyait une occupation. Mâche-Balle, sans maître, guidé par l'instinct, servi par ses souvenirs, devint rapidement une espèce d'artiste, saisissant avec l'esprit français la physionomie, les types, les caractères ; et la plus belle moitié de la vitrine de Madeleine s'emplit des chefs-d'œuvre de son père.

La grâce, la douceur, l'honnêteté de la marchande allèrent plus loin que la ville ; de Kehl on venait à *l'Agneau de saint Jean* ; les blondes Allemandes y achetaient leurs dentelles et leurs châles de soie ramagés ; les paysans y trouvaient des couteaux, des cravates, des bretelles, de menus bijoux ; il était rare qu'un client portât ailleurs sa pratique quand il connaissait la boutique du porche; si la curiosité le poussait dans un autre magasin, il ne tardait pas à s'en repentir et revenait bien vite ; la marchandise achetée ailleurs était plus chère, moins solide ; ou simplement l'air moins accueillant du vendeur ne l'invitait plus à retourner dans la nouvelle maison.

Au nombre de ses clients, Madeleine comptait la famille Schawb et Roschen. L'aveugle Gottlieb vint plus d'une fois s'asseoir dans la boutique pendant que Kobold faisait ses acquisitions. La voix pure de Madeleine charmait le vieillard ; celle-ci mettait quelque chose de filial dans la façon dont elle guidait l'aveugle vers un fauteuil de paille, et plus d'une fois, le voyant fatigué de la route, elle lui apporta un verre de bière brune. Il levait la tête vers elle comme s'il avait pu la voir ; un sourire effleurait ses lèvres ; il la bénissait d'un mot, d'un geste, et Kobold n'était pas loin de voir en Madeleine un être surnaturel.

Si le zouave se trouvait dans la boutique, le soldat et le paysan causaient. L'un parlait de ses batailles, l'autre de ses récoltes; l'un rappelait le souvenir de son fils aîné ; l'autre évoquait l'image de Catherine. Invariablement l'entretien se terminait par l'éloge de Madeleine.

« Quelle ménagère ! disait le zouave. Elle est à tout et à tous ! Je suis soigné comme un roi, le négoce prospère, Louis s'instruit, et je dois tout cela à ma fille, car, je l'avoue en rougissant, si sa petite main n'eût pris d'une façon si ferme les rênes de la maison, le chagrin pouvait me jeter dans tous les excès... Madeleine s'est montrée mon bon ange.

— Il me semble la voir, répondait l'aveugle, blonde avec des yeux bleus, l'air modeste, vêtue en honnête fille, et possédant déjà le sérieux d'une mère de famille.

Kobold se montrait plus enthousiaste quand il se trouvait seul avec son grand-père. Il ne tarissait pas sur les louanges de la mignonne de l'*Agneau de saint Jean*, comme il l'appelait.

Quand Roschen fut sur le point de se marier, elle vint avec l'aveugle et Kobold acheter sa toilette de noces : atours bien simples et bijoux d'argent. Roschen ne possédait pas cent thalers et Hans en comptait trois cents, il fallait être économe. Cependant les rubans, le bonnet broché d'or, la pièce de corsage, tout cela brillait, papillottait et réjouissait l'œil. Quand les trésors de la corbeille se trouvèrent complets, Madeleine choisit une cravate bleue d'une nuance tranquille et la tendit à Kobold avec un sourire.

« Je vous dois la pratique de Roschen, dit-elle

gracieusement, portez cela le jour de son mariage.»

L'enfant contrefait, l'avorton repoussé de tous et que son dévouement seul faisait tolérer dans la famille, poussa un cri de joie accompagné d'un formidable éclat de rire. Jamais personne ne lui avait fait un don d'amitié ; Madeleine la première, cette étrangère, songeait à lui. Mais aussi Madeleine n'était pas une jeune fille comme les autres. Kobold regardait, admirait sa cravate en dansant à travers la boutique un pas inconnu jusqu'à ce jour et que les nains de la mythologie allemande ne connaissent même pas.

A partir de ce jour Kobold devint le serviteur acquis de Madeleine ; il aima deux êtres, son aïeul et la jeune fille.

Peu à peu, Hans, Wilhelm, Fritz et Johann, apprirent le chemin de la maison du porche.

Le plus souvent Johann, avant de partir pour le marché, demandait leurs commissions à sa mère, à ses frères, et allait faire ses achats. Parfois il rencontrait Gottlieb dans la boutique. Alors il y restait moins ; quand il y était seul, il devenait plus difficile à servir, plus exigeant dans la qualité des choses demandées. Il fallait que Madeleine développât tous les paquets, ouvrît toutes les boîtes.

Parfois il demandait des objets dont la marchande ne se trouvait pas approvisionnée, et il la priait de se les procurer pour lui :

« Je reviendrai chercher cela au prochain marché, » disait-il.

Jamais Jutta ne s'était vue à la tête d'une telle provision d'épingles, de fil et d'aiguilles ; les enfants de Roschen, en voyant Johann revenir de Strasbourg, tendaient les bras, sûrs d'avance que le jeune homme leur apporterait quelque joujou sculpté par Mâche-Balle.

Il y avait deux ans déjà que le fils aîné de Jutta connaissait la boutique de Madeleine, quand un jour, au moment où il allait partir pour la ville, Jutta lui dit :

« Reste aujourd'hui aux Houblons, c'est moi qui ferai le marché.

— Vous ! vous ! répéta Johann aussi étourdi que s'il eût reçu un coup violent sur la tête.

— Eh oui, moi, qu'est-ce que cela peut avoir de si surprenant ?

— Ah ! rien ! rien ! répéta Johann, seulement... »

Il n'acheva pas, prit un outil au hasard et courut au jardin.

Mais à peine eut-il enfoncé la bêche dans le sol,

qu'il croisa ses bras sur le manche et demeura immobile.

« Je ne verrai pas Madeleine ! » murmura-t-il.

Et cette souffrance lui révéla combien il l'aimait.

Dans l'après-midi, Gottlieb, dont la meilleure promenade était d'aller à Strasbourg, revint avec Kobold. Celui-ci jouait avec une belle rose vermeille. Gottlieb s'assit dans la salle et le paria fouilla rapidement la maison du regard, sans apercevoir Johann. Il le trouva dans le jardin. Alors Kobold avec une douce malice s'approcha, se dandinant sur ses pauvres petites jambes et chantonnant sur un air inconnu :

« La petite fée m'a donné une fleur, une fleur rose comme ses joues... tu paierais bien la fleur rose de tous les florins de ta bourse, et tu céderais volontiers en échange le petit poulain noir qui joue dans le pré... Mais la petite fée l'a donnée au Kobold, la jolie rose, et le Kobold la garde pour lui... »

Johann saisit avec force le bras de l'enfant.

« Cette fleur ! dit-il, cette fleur, donne-la moi sur-le-champ.

— Tu me fais mal, répondit le nain ; tu me meurtris le poignet, toi, un homme robuste. »

Johann lâcha le bras de son frère et se mit à marcher avec agitation.

L'expression de son visage était si douloureuse que le Kobold en fut frappé. Il s'avança doucement, et d'un accent plaintif :

« Je l'avais prise pour toi, dit-il, garde-la »

Ce fut au tour de Johann d'éprouver un remords.

« Pardon, dit-il à Kobold.

— Oh ! s'écria l'enfant, si tu m'embrassais ! »

Johann l'étreignit sur sa poitrine, puis d'un bond il gagna le pré, saisit par la crinière le poulain noir qui bondissait comme un agneau et l'amena à Kobold :

« Je te le donne, dit-il.

— A moi !

— A toi ! parce que tu as eu pour moi une bonne pensée, quand jamais à ton égard je n'en eus que de mauvaises.

— Et notre mère et les autres, que diront-ils de ce cadeau ?

— On m'a nommé le chef de la maison, je profite de mes droits. »

Kobold flatta de la main la jolie bête, la ramena doucement au pré et plus d'une fois dans le jour alla lui chercher des poignées de fleurs sauvages et des herbes parfumées.

Nul ne réclama contre le don fait à Kobold ; seulement on s'étonna de voir Johann se rapprocher du bossu et passer avec lui des heures entières, l'écoutant chanter des *lieder* improvisés, dans lesquels revenait souvent le nom d'une jeune fille.

Johann ne cherchait plus à s'abuser, il aimait Madeleine.

Était-ce la beauté de cette enfant qui le séduisait ? Certes il n'était pas insensible au charme de cette douce physionomie, mais ce qui l'attachait à l'orpheline c'était le côté généreux, dévoué, tendre, de sa nature. Il savait que depuis la mort de sa mère son abnégation n'avait jamais failli.

Madeleine ne quittait la boutique du porche que pour aller le dimanche aux offices. Alors il était charmant de la voir, appuyée sur le bras de Mâche-Balle et donnant la main à Louis, se diriger vers la cathédrale et passer recueillie à travers la grande nef assombrie par les vitraux gothiques.

Johann n'avait jamais rêvé compagne plus vigilante ; il la comparait à toutes les jeunes filles des environs de Kehl, et n'en trouvait pas une aussi modestement jolie et dont les qualités fussent plus capables d'assurer une vie de félicité. Pendant trois années cet amour couva, grandit dans son âme, et prit de telles proportions qu'un jour Johann s'avoua qu'il ne pouvait plus vivre si on ne lui donnait Madeleine pour femme.

De la part de Gottlieb il ne redoutait aucune opposition ; il n'en était pas de même relativement à Jutta.

Choisir sa bru, la femme à côté de qui elle devait vivre, semblait à Jutta une de ses attributions. Elle n'y renoncerait pas volontiers. Aussi Johann s'effrayait-il un peu d'avoir à faire cette confidence à une mère qui s'était toujours montrée plus austère que tendre, plus exigeante de respects qu'avare d'affection.

Johann voulut puiser du courage dans la vue de Madeleine avant de s'expliquer avec sa mère.

Peut-être, se disait-il, au moment d'avouer son attachement pour la fille du zouave, que jamais Madeleine par un mot, par un sourire, n'avait paru deviner ce qui se passait dans son cœur. Pour la première fois un doute poignant lui vint. Si on le refusait !

Sans doute la ferme des *Houblons* valait quelque chose, mais Madeleine ignorait l'avarice ; d'ailleurs la boutique du porche était une petite fortune, et peut-être Madeleine préférerait-elle un marchand à un laboureur.

Qui pouvait affirmer à Johann que nul garçon de Strasbourg ne l'eût demandée en mariage ? Elle était fiancée peut-être ?

Un doute cruel remplit le cœur du jeune homme.

A mesure que s'approchait l'heure d'aller à la ville, son angoisse augmentait. Un moment il fut sur le point de renoncer à son voyage, et une minute après il arpentait rapidement la grande avenue conduisant à Strasbourg.

Quand il entra dans la boutique de l'*Agneau de saint Jean* elle était pleine de monde.

Johann salua Madeleine de loin, s'assit près d'une fenêtre et attendit. Il suivait des yeux les mouvements de la jeune fille, il l'admirait, il se répétait que jamais une autre ne serait sa femme. Quand la foule des chalands se fut écoulée, le fermier s'approcha du comptoir. Il tournait sans parler son chapeau à grands bords entre ses doigts.

« Eh bien ! monsieur Johann, dit Madeleine, vous semblez triste ! votre père, le vénérable Gottlieb, va bien, j'espère ? et le Kobold a toujours l'âme plus belle que la mine ?

— Ainsi, demanda le fermier, vous aimez le père, tout aveugle qu'il soit ?

— Presque autant que le mien ! s'écria la jeune fille.

— Et vous ne méprisez pas le Kobold ?

— Et pourquoi le mépriserais-je, Seigneur ? Pour faire les bonnes épées, point n'est besoin d'un magnifique fourreau... Et vous-même lui rendez justice, il me semble... Kobold m'a parlé d'un poulain noir que vous lui avez donné...

— Donné ! non pas, je ne veux point me faire meilleur que je ne suis... Je l'ai vendu....

— Kobold fait donc des économies ?

— Il possédait ce jour-là quelque chose qui me faisait envie, du moins... tenez, c'était il y a un an, le printemps semait des roses partout, il y en avait dans votre boutique comme aujourd'hui, peut-être dans le même vase... Kobold en rapporta une, et... »

Madeleine rougit.

Elle se remit vite, cependant, et d'une voix qu'elle s'efforça de rendre ferme :

« Vous ne m'avez toujours pas dit ce que vous vouliez, monsieur Johann ?

— Une coiffure bien passementée d'or pour une

fiancée, une pièce de mariage et un chapeau de fleurs. »

Madeleine se baissa pour prendre un carton et resta longtemps à le chercher.

« Est-ce assez beau ? demanda-t-elle en ouvrant une boîte et en étalant ce qu'elle avait de mieux.

— Rien ne serait assez riche si la fiancée était moins modeste, mais...

— Pourquoi ne choisit-elle pas elle-même ? les hommes s'entendent mal à ces choses.

— Oui ! dit vivement Johann, vous avez raison ; alors, rendez-moi un service, et que ce soit vous qui mettiez de côté ce qui vous semble le plus convenable... Si vous vous mariiez, Madeleine, que prendriez-vous ?

— Il n'est pas question de moi, » dit vivement la jeune fille...

Johann prit et rejeta distraitement les parures. Il ne savait comment continuer cet entretien ; il sentait qu'il devait paraître ridicule ; une question lui brûlait les lèvres ; cette question, il n'osait l'adresser. Madeleine si calme d'habitude semblait elle-même troublée ; ses doigts effeuillaient les fleurs du vase ; elle n'osait lever les yeux vers Johann et sentait une vive chaleur monter à ses joues.

Par bonheur Mâche-Balle entra en ce moment. Il serra cordialement la main du fermier.

« Eh bien ! dit-il, qu'achetons-nous aujourd'hui ?

— Ah! fit tranquillement Madeleine en refermant ses cartons, M. Johann réfléchira ; peut-être ne sait-il pas bien aujourd'hui ce qu'il veut...

— Pas ce que je veux ! » répéta le garçon ; mais cette fois encore il s'arrêta, et ne sachant comment conclure, il serra les mains du zouave à les broyer et sortit de la boutique.

III

PROMESSES.

Le soir même Gottlieb et Kobold venaient de traverser les prés de Hans, les deux jumeaux allaient lever des lignes dans un ruisseau voisin, Johann se trouvait seul près de sa mère. Jutta, grave, triste, raide d'attitude, muette et l'œil sombre, filait activement. Son fils égrenait distraitement un épis de maïs dont les poules picoraient les grains à ses pieds. Il se demandait comment il entamerait avec sa mère la question de son mariage. Tout à coup, prenant une résolution, il se leva et d'une voix émue lui demanda :

« Vous déplairait-il, ma mère, que je choisisse une femme ?

— Non, répondit tranquillement Jutta ; j'y songe même depuis une année ; Lisbeth, la fille du brasseur, doit être un beau parti ; les *Houblons* peuvent se marier avec la tonne.

— Ah ! jamais Lisbeth ! s'écria le jeune homme, jamais !

— Avez-vous donc choisi vous-même ? reprit Jutta sévèrement.

— Je me suis dit, du moins, qu'une seule jeune fille pouvait me rendre heureux. Je ne sais pas le chiffre de sa dot ; mais je connais le caractère de cette enfant ; elle sera pour vous docile et respectueuse ; et si elle m'accepte pour mari, elle me donnera son cœur tout entier.

— Enfin vous l'aimez ? dit Jutta.

— Oui, ma mère, répondit Johann à qui le courage revenait.

— Elle s'appelle ?

— Madeleine.

— Serait-ce la marchande de Strasbourg à l'enseigne de l'*Agneau de saint Jean* ?

— Vous avez deviné, ma mère.

— Asseyez-vous, Johann, » dit Jutta d'une voix brève.

Le jeune homme comprit que des difficultés allaient surgir entre lui et son bonheur.

« Johann, reprit Jutta, je ne prodigue jamais les

éloges, mais je puis vous rendre justice ; depuis la mort de votre père, vous vous êtes montré bon travailleur ; quand les yeux de Gottlieb s'éteignirent, vous prîtes les rênes de la maison avec une fermeté qui en empêcha non-seulement la ruine, mais encore l'appauvrissement même momentané... Je vous regarde comme le chef véritable de la famille; c'est vous dire que je vous trouve presque le droit d'agir à votre guise, et que jamais, quand il s'est agi de vente de bestiaux, d'acquisition de champs, de travail rural, je ne me suis opposée à vos désirs... Maintenant vous mettez en question non-seulement notre fortune, mais notre tranquillité. La jeune fille que vous amènerez sous ce toit ne sera pas seulement votre femme ; elle deviendra ma bru, et vous souhaiterez que je l'appelle ma fille... J'ai donc un intérêt presque égal au vôtre dans cette décision... Eh bien ! Johann, j'ai désiré que Lisbeth devînt votre femme, parce que son père fut l'ami du vôtre ; elle travaillera avec l'activité d'une servante et l'économie d'une maîtresse. Moins cabaretière que fermière, elle sait soigner le beurre, faire le fromage, surveiller les couvées ; elle m'aidera quand les forces viendront à me manquer, elle me suppléera... Comment pouvez-vous songer, Johann, à vous faire marchand dans la ville, à me laisser ici avec votre aïeul et vos deux frères.

— Mais, répondit Johann, je n'y ai jamais pensé, c'est Madeleine qui deviendra fermière.

— Cette fille aux mains blanches qui passe sa journée à auner du ruban et à détailler de la mercerie ne se transformera pas volontiers en paysanne... Elle s'attifferait toute la journée, et la crainte de hâler son teint l'empêcherait d'aller aux champs. Elle n'aurait ni la force de teiller le chanvre ni le vouloir de cueillir le raisin dans la vigne... croyez-moi, Johann, ce n'est point cette femme qu'il vous faut.

— Vous ne la connaissez pas, répliqua doucement le jeune homme. Madeleine comptait quatorze ans quand sa mère mourut; depuis cette époque, elle dirige le ménage et tient son commerce de toile d'Alsace. C'est une douce créature, dévouée à son père, avenante pour tous.

— Une fine mouche, en tout cas ! Ici tout le monde jure par elle. Gottlieb lui-même s'est laissé enjôler, et cette brute de Kobold la vénère autant qu'une sainte de l'autel... Je me défie des créatures parfaites !

— Il est meilleur de les estimer et de les chérir, repartit Johann.

— Enfin ces premiers motifs ne sont pas les plus graves, mon fils ; je compte sur votre raison pour peser le dernier. Avez-vous réfléchi à la naissance de Madeleine... Son père est Français.

— Ah! ma mère, son pays et le mien se touchent de si près... le Rhin entre nous et quelques beaux arbres... Nous parlons la même langue ; elle sait l'allemand, je comprends le français... Nous n'en sommes plus, grâce à Dieu, à élever des murailles entre les nations voisines. Plût au ciel que tous les peuples formassent une seule famille, cimentée, agrandie par des alliances. Madeleine est Française, son père fut soldat; il porte sur sa poitrine le signe de la bravoure et de l'honneur. Il ne refusera pas d'accompagner ici sa fille, et la ferme des Houblons comptera un laboureur de plus.

— En temps de paix, soit! dit Jutta, l'Allemagne et l'Alsace peuvent se donner la main. Il faut tout prévoir, surtout le malheur. Il faut compter avec l'ambition des rois, avec les révolutions, avec les mouvements de peuples, avec les guerres sanglantes... Il faut vous dire que si jamais cette nation à laquelle nous donnons la main par-dessus les flots bleus qui coulent en face de nous devenait une adversaire, le vieux soldat dont vous parlez deviendrait un ennemi, et que son fils lutterait peut-être contre vos frères...

— Ah! ma mère! s'écria Johann, pourquoi prophétiser ces malheurs... La paix paraît solide, le commerce florissant, les souverains de l'Europe se reçoivent avec tant de cordialité... Notre humble ménage ne troublera personne, et la douce Madeleine est à demi fille de notre Allemagne.

— J'ai le caractère sombre, reprit Jutta, je le sais... Jamais la joie ne me pénètre le cœur, jamais je ne la répand sur les autres... Je vois toute chose sous un aspect lugubre comme certains oiseaux naissent noirs, comme certaines plantes distillent le sommeil... la douleur m'éprouva vite. Je me suis roidie pour lutter contre elle, mais en même temps je suis devenue dure à moi-même, et peut-être aux autres... Non, Johann ! cette union ne me sourit pas, et vos projets me semblent gros de malheurs.

— Ma mère, ma bonne mère, reprit le jeune fermier, car, en dépit de la froideur dont vous vous masquez souvent, vous êtes bonne, et c'est par une sorte d'angoisse que vous affectez cette rigidité. Je ne dis point que vous vous trompez dans le fond; mais Madeleine est une exception, et ma tendresse pour elle n'admet guère vos objections... Enfin, que voulez-vous, ma mère ? mon cœur parle haut et je saurai défendre ma cause. Si j'ai mérité de vous une récompense, donnez-la-moi... Depuis quatre ans j'aspire à fonder une famille, je rêve d'amener ici une jeune fille pieuse et belle, de réjouir mes yeux par sa vue, et d'écouter sa voix comme une musique. Depuis quatre ans je jalouse Hans, notre ancien valet, et j'embrasse ses enfants avec une sorte d'envie... Cependant je me suis tu... Vous aviez besoin de moi tout entier ; je ne me suis pas cru le droit de vous distraire une part de ma vie. Maintenant tout prospère ici! les celliers sont pleins, les greniers plient sous le fardeau des sacs de grain, la toile blanchit sur l'herbe des prés; Dieu bénit notre maison, notre travail et notre famille, je demande le prix de mon labeur, et Rachel, ma Rachel à moi, pour mes sept années de service.

— Mon fils, dit Jutta, j'augure mal de ce mariage ; j'en souhaitais un autre pour vous ; cependant je ne m'opposerai point à votre choix.

Devenu chef de la famille, majeur et libre, vous m'avez parlé avec douceur et avec respect et vous remplissez jusqu'au bout votre devoir filial... Suivez donc votre penchant, j'essaierai d'aimer votre femme.

— Ah! s'écria Johann, vous y réussirez tout de suite.

Le fermier se jeta dans les bras de Jutta et la pressa dans ses bras. Si grave que fût la veuve, si peu sensible que restât son âme, elle se sentit cependant remuée, et d'un accent plus doux elle ajouta :

« Je vous bénis, Johann! faites suivant votre vœu. »

Le jeune homme s'enfuit dans les champs, ivre de joie, remerciant Dieu, répétant le nom de Madeleine. Quand il reprit le sentiment de la réalité, il était dans le pré des saules et Kobold jouait avec la crinière de son favori.

« Allons, grand frère, dit-il, nous aurons de belles noces; pour ce jour-là je jouerai du violon; eh! tiens! voilà un ruban bleu que Madeleine m'a donné pour le nouer au manche.

— Kobold, Kobold! Je ne suis point sûr que tu ne sois pas sorcier.

— Un enfant de six ans aurait deviné cela, mon grand frère ; seulement je crois bien que Madeleine ne le sait pas encore, et que Mâche-Balle ne s'en doute point du tout.

— Ah ! fit Johann, demain après l'office je cours à la ville et je parle. »

Kobold sauta sur le dos du poulain.

« Ne serai-je pas un beau garçon d'honneur ? » demanda-t-il.

Johann causa fort avant dans la soirée avec Gottlieb, et le lendemain matin, après avoir assisté à l'office du village, il courut à Strasbourg.

La crainte chez lui s'unissait à une joie profonde. Il semblait avoir vaincu la difficulté la plus grande en obtenant le consentement de Jutta. Il se souvenait de la fugitive rougeur qu'il avait remarquée sur les joues de Madeleine au moment où il la pria de lui montrer des parures de fiancée. Mais la jeune fille elle-même pouvait-elle rien conclure ? Son respect pour Mâche-Balle, sa tendresse pour Louis passeraient même avant ses sentiments intimes. C'était une de ces natures courant au-devant du sacrifice et ne reculant jamais devant aucun.

Johann se reprocha d'avoir négligé le vieux zouave. Il s'accusa de connaître à peine l'apprenti forgeron.

Passant tour à tour d'un grand espoir à une défiance amère, il arriva devant la boutique, sans savoir par quel mot il commencerait un entretien dont dépendait le bonheur de sa vie. Quand il pénétra dans le magasin, Madeleine, occupée à la vente, lui tournait le dos. Mâche-Balle fouillait près de la fenêtre une racine de bruyère. Johann prit son parti bravement, s'avança vers le zouave et lui dit avec une douceur de voix dans laquelle perça le tremblement:

« Monsieur Miller, je ne saurais faire de grandes phrases pour exprimer ce que j'ai dans le cœur, mais je sais que mon plus vif désir serait d'avoir Madeleine pour femme.

— Eh! mais! s'écria Mâche-Balle, vous parlez en soldat, car vous ne tâtez pas longtemps le terrain avant de voir ce que vous voulez faire. Morbleu! pour un Allemand, c'est de la résolution crânement exprimée... Au fait, j'aime autant cela... Venez sous le porche et nous causerons. »

Johann suivit le soldat.

« Vous me dites à brûle-pourpoint que vous

désirez épouser ma fille... Cette demande me déroute, vrai, foi de zouave.

— N'en avez-vous donc point reçu de semblable ?

— Pas encore... Madeleine est jeune ; elle a jusqu'à ce moment servi de mère à Louis, un brave enfant qui atteindra ses dix-huit ans dans quelques semaines, et la chère fille s'est si bien cachée dans cette maison que personne n'a songé à l'en retirer... Marier Madeleine ! et qu'est-ce que je deviendrais, moi, sans ma fille ? Vous l'emmèneriez ?

— Et vous avec elle ! De tout temps les paysans et les soldats ont fraternisé, et c'est juste, car c'est la campagne qui donne des hommes à l'armée. Vous devez étouffer un peu dans une ville, vous qui si longtemps avez servi dans l'Afrique et avez vu de vastes paysages et de grandes forêts... Tout le monde vous chérira chez nous... Vous connaissez Gottlieb, le meilleur et le plus vénéré des hommes... Mes deux frères, Fritz et Wilhelm sont venus ici souvent... Il n'est pas jusqu'au malheureux Kobold qui n'ait franchi ce seuil... Reste la mère : une femme austère, honnête, froide, mais juste... La ferme des Houblons est d'un beau produit. Tout y est bénéfice, car nous sommes là trois hommes robustes. Chacun travaille dans l'intérêt de tous. On a des thalers dans sa bourse et du linge dans l'armoire. Les étables et les écuries sont pleines ! Vous vendrez la boutique et nous irons au delà du Rhin vivre dans les champs et dans les vignes au bon Dieu.

— Que pense Madeleine ? demanda le zouave.

— Vous l'apprendrez vous-même, car je n'ai pas osé...

— C'est d'un brave garçon, Johann, d'un brave garçon... Tenez, midi va sonner ; allez voir l'horloge de la cathédrale pour la centième fois sans doute ; promenez-vous un peu, et si en revenant vous me trouvez sous le porche fumant ma pipe, entrez sans crainte, la réponse sera favorable.

— Que je vous aimerai ! s'écria Johann. »

Le jeune fermier serra la main de Mâche-Balle. Quand il fut loin, Madeleine accourut, et passant la main sous le bras de son père :

« Le dîner est prêt, » dit-elle.

Le soldat se mit à table ; puis tout à coup repoussant son verre et son assiette, il regarda sa fille dans les yeux :

« Que penses-tu de Johann ?» dit-il brusquement.

Madeleine se troubla une minute ; puis d'une voix calme :

« C'est un honnête homme, dit-elle, fils respectueux, frère tendre.

— Il fera un bon mari, ajouta Mâche-Balle.

— Je le crois... Mais à ce propos il songe à prendre femme, puisque l'autre jour il voulait une parure de fiancée...

— Il pense, répliqua Mâche-Balle, à changer le nom de Madeleine Miller pour celui de Madeleine Schawb. »

La jeune fille tremblait.

« Je le veux bien pour gendre, l'acceptes-tu pour mari ? »

Madeleine se leva et se jeta dans les bras de son père.

« Je comprends, dit le zouave, tant mieux !... Maintenant dînons vite, car Johann va revenir et le pauvre garçon n'est guère tranquille. »

Un quart d'heure après Mâche-Balle fumait sur le seuil de la boutique, et Madeleine assise près du comptoir, le cœur palpitant, les yeux baissés, attendait le jeune maître des Houblons.

Il ne tarda pas à paraître. En apercevant sur le seuil Mâche-Balle souriant, il courut à lui, et l'appela « Mon père » avec une expression qui toucha le zouave plus que toutes les protestations du monde.

Mâche-Balle rentra dans la boutique avec lui.

« Madeleine, dit-il à sa fille, vienne la fin de la moisson et tu seras publiquement fiancée à Johann. En attendant ces promesses solennelles, vous pouvez, mes enfants, parler de votre avenir, et mutuellement apprendre à vous connaître... Je te souhaite, Madeleine, un bonheur plus long que le mien, tu n'en saurais avoir de plus complet. »

Les deux jeunes gens se regardèrent pour la première fois avec une innocente liberté. Les yeux de Johann éclataient de joie et de fierté ; ceux de Madeleine laissaient voir, sous un voile de modestie charmante, une tendresse timide prête à se développer pour donner toutes ses fleurs et tous ses fruits. Mâche-Balle laissa un moment ces enfants s'absorber dans leur surprise heureuse ; il se souvenait du jour où il demanda Catherine en mariage, et se retrouvait à vingt ans de là, le cœur plein de cette joie honnête dont jouissaient ces deux enfants.

« Demain, dit Johann en se levant, Gottlieb mon aïeul et ma mère Jutta viendront ici, préparer l'union de nos familles. »

En effet, le lendemain matin un char amena l'aveugle et sa fille. Jutta avait mis son plus beau costume, Gottlieb ressemblait à un patriarche, Kobold escalada le char et se trouva tout à coup aux pieds du vieillard sans que celui-ci osât lui reprocher de l'avoir suivi. Le char s'arrêta devant le porche, Kobold sauta par-dessus le cheval pour être plus vite à terre et mieux aider son aïeul ; Madeleine, debout sur le seuil de la boutique, s'avança de quelques pas rougissante, inquiète. Mâche-Balle s'empara du bras du bourgmestre, et Jutta adoucit sa voix pour dire à la jeune fille :

« Puisque Johann vous aime, je vous traiterai en fille.

— Merci ! oh ! merci ! » s'écria Madeleine, que glaçait la figure rigide de la veuve.

Les Schawb entrèrent dans l'arrière-boutique ; Joviale, prévenue par sa petite amie, alla chercher de la bière fraîche, du jambon et du fromage. On causa peu, des deux côtés on s'étudiait. Jutta trouvait Madeleine faible et pâle ; la jeune fille jugeait Jutta sévère et triste, Gottlieb avec sa douceur et avec son affabilité égayait un peu les esprits qui s'attristaient, et quand Johann rejoignit les siens, tout était conclu, et Jutta paraissait tranquille.

A partir de ce jour, chaque soir après la fermeture de la boutique, Mâche-Balle, Madeleine et Louis prenaient la route conduisant à Kehl, passaient le Rhin, et arrivaient à la ferme des Houblons. Chacun leur faisait fête, jusqu'à Hans et Roschen qui se réjouissaient de voir une si aimable fille devenir maîtresse aux Houblons. Fritz et Wilhelm, dont les idées se ressemblaient comme les visages, sentaient pour leur future sœur une touchante amitié; Kobold n'en parlait qu'à Johann, mais il ne tarissait pas sur son éloge.

Joviale, en apprenant le prochain mariage de Madeleine, eut une excellente idée.

« On ne sait pas ce qu'on devient, dit-elle ; deux ressources valent mieux qu'une ; pendant que vous serez fermiers là-bas, je puis vous remplacer ici... le gain de la boutique compensera les années de mauvaises récoltes s'il en arrive, ou grossira l'épargne si tout marche à souhait. Je suis libre, je m'ennuie souvent ; il me sera doux de songer que je vous rends service et que l'*Agneau de saint Jean* reste la propriété des Miller.

— C'est une bonne pensée ! s'écria le zouave, d'autant meilleure que Louis ne peut maintenant venir à la ferme ; je ne sais ce qu'il fera plus tard, mais avant toute chose il doit finir d'apprendre son état... Vous le regarderez comme votre enfant et il restera à Strasbourg. »

Tout étant conclu de la sorte, les deux familles ne songèrent qu'au jour qui rendrait les Miller habitants des Houblons. Dans son impatience de voir conclure son mariage, Johann supplia sa mère d'avancer la fête des fiançailles.

« Qu'importe que la moisson ne soit pas faite ! s'écria le jeune homme. Faut-il plus d'un jour, pour échanger deux anneaux et dîner sous la treille garnie de vignes ?.. Il me semble que ma chère Madeleine m'échappera si je n'ai sa promesse devant Dieu, devant la famille. »

Jutta résista faiblement ; les instances de Johann vainquirent ses observations dernières ; on décida que les fiançailles se célébreraient dans quinze jours ; il ne fallait pas moins de temps pour inviter les amis, la parenté, préparer le repas et tout disposer, afin que Jutta des Houblons n'eût point à rougir de la manière dont se passeraient les choses. Pendant deux semaines les petites servantes frottèrent, époussetèrent, rangèrent. On fit des gâteaux, on tira les conserves de fruits de l'armoire ; le plus beau linge fut étendu sur les tables, et les dressoirs firent étinceler leur étain et leur faïence... Dès l'aube, Jutta, les manches relevées jusqu'au coude, mit la main à la besogne ; quand elle trouva que tout était bien, elle s'occupa de sa parure, vêtit ses plus beaux habits, ses bijoux, et, assise dans la grande salle, elle attendit ses invités.

Il en vint de tous les environs, de tous les points du duché de Bade. Les paysans, vêtus de la culotte collante rentrée dans les guêtres, du gilet rouge, de la houppelande démesurée et du chapeau à larges bords relevés d'un côté ; les femmes portant la jupe sombre, le corsage pareil et le gorgerin écarlate, le visage ombragé d'un chapeau de paille cerclé d'une torsade de velours ; les jeunes filles à la jupe vert pré, au corselet noir, aux nattes pendantes ornées d'un nœud de ruban éclatant, venaient des limites de la forêt Noire : les habitants du village semblaient plus coquettement et plus lestement parés. La jupe de drap plissé des femmes tombait bien sur la hanche, le corsage de nuance vive réjouissait l'œil, le casque brodé d'argent et le papillon de taffetas noir miroitaient sur les cheveux blonds. Les jeunes filles portaient au côté un bouquet de fleurs sauvages, les garçons en gardaient une au coin de la lèvre. Les rubans volaient au souffle du vent, les refrains vibraient dans l'air, les sons du violon glissaient le long des sentiers. Une joie franche animait la foule des conviés ; le bonheur de Johann faisait des jaloux ; plus d'une jeune fille, en voyant la beauté de Madeleine, en admirant sa parure, si simple pourtant, en regardant l'étendue du domaine des Houblons, se dit que la future fermière serait bien partagée en ce monde, car le fermier était un grand et robuste jeune homme, et les champs pourraient nourrir une nombreuse famille.

Après l'office on se mit à table. Le naturel paisible des Allemands s'anima sous l'influence de la bière mousseuse et des vins du Rhin et de la Moselle. Mais la gaieté resta dans une gamme exempte d'excès. Les vieillards, les femmes, les jeunes filles souriaient et chantaient des chansons naïves. On se sentait disposé à honorer ces paysans affables, hospitaliers et doux.

A la fin du repas Gottlieb se leva.

« Mes amis, dit-il, mes enfants, il s'agit d'une fête d'adoption aujourd'hui ; Madeleine, la fille d'un brave soldat français, engage sa foi à Johann mon petit-fils. Nous l'aimons tous dans la maison, cette enfant d'une patrie voisine séparée de la nôtre par quelques touffes de fleurs et par les eaux bleues du Rhin. Les cœurs ne connaissent pas de frontières ; Madeleine vient à nous confiante, nous l'accueillons avec joie. Dieu veuille que le fait qui s'accomplit ici dans une pauvre ferme se reproduise des milliers de fois, Dieu veuille que la vraie fraternité règne parmi les hommes ! Nous demandons la paix, la paix pour la bénédiction de nos champs, la paix pour la prospérité de nos familles, la paix avec notre conscience. Jamais peut-être votre vieux bourgmestre ne se trouvera au milieu de vous tous, que son dernier vœu soit entendu, que tous vous aidiez à son accomplissement dans la mesure de vos forces. A la vieille Allemagne ! à la noble France ! aux laboureurs qui sèment le sillon ! aux soldats qui le défendent ! »

Les verres se vidèrent d'un trait et des applaudissements éclatèrent parmi les convives.

Ces quelques mots de Gottlieb remuèrent l'assemblée ; l'expansion devint plus cordiale, la gaieté plus communicative, et le festin des fiançailles était dans tout son entrain quand un hôte inattendu se dressa sur le seuil.

C'était un mendiant sordide, vêtu de loques, coiffé d'un bonnet de peau de renard. Ses jambes flageolaient dans des guêtres nouées avec des ficelles ; ses pieds traînaient d'immenses sabots bourrés de paille ; il s'appuyait sur un bâton et regardait froidement les convives de Jutta.

En reconnaissant le mendiant, la fermière se leva. « Entrez, Jérémias, dit-elle, entrez ; le pain, le jambon et la bière sont là pour tous.

— Ceux qui sont attablés ne tarderont pas à se trouver debout, répondit le mendiant ; les mains qui lèvent le verre prendront bientôt plus lourde charge, et les chansons ne passeront pas longtemps vos lèvres, jeunes gens !

— Voyons, voyons, Jérémias, dit Johann, n'attristez pas la maison par des pronostics lugubres, trinquez avec la fermière et avec les amis et buvez à mon bonheur.

— Je ne boirai point ! fit le mendiant, je ne m'assiérai pas ! Les chansons et les airs de danse vous troublent-ils si fort que vous n'entendiez les cris d'alarme ?

— Que veut-il dire ? demanda Madeleine à Johann.

— Il est un peu fou, répondit le jeune homme, et parle d'une façon bizarre ; cependant quelques-uns affirment que ses prédictions se sont plus d'une fois réalisées !..

— La poudre ! le feu, le sang ! dit le mendiant avec lenteur... la terre tremble sous le poids des chariots, des canons, des caissons et de mille engins de mort... la trompette sonne aux quatre bouts de l'Allemagne... les soldats se lèvent... les soldats tombent... les soldats meurent... la guerre ! la guerre ! la guerre !

— Mon Dieu, fit Gottlieb, il m'épouvante !

— Ne croyez pas que ma cervelle enfante des tableaux terribles... mes yeux ont vu : on s'arme ! mes oreilles ont entendu : on conspire ; mon esprit a compris : on se battra !.. Le Rhin roulera des flots de pourpre, les arbres flamboieront dans l'incendie, les chevaux brouteront nos récoltes, les hommes valides partis, resteront les femmes ! et les femmes seront insultées par les soldats et les fermes ruinées par les pillards... Jeune fiancée, poursuivit le mendiant, que diras-tu quand ceux de ta nation s'armeront contre la famille qui t'adopte ? »

Madeleine se serra pâlissante contre Johann.

— Mes pressentiments... murmura Jutta.

Gottlieb tenta encore d'imposer silence au vagabond.

« Vous êtes morose, lui dit-il, et notre gaieté double votre tristesse, prenez votre part de notre félicité, au lieu d'aller criant malheur ! à toutes les portes ; soyez un prophète de bénédictions.

— Je dis ce que je sais, répliqua Jérémias. Je viens de loin, je m'assieds à tous les foyers ; je pénètre dans les palais, j'entre dans les chaumières. Je suis un pauvre, l'hôte de Dieu, et presque un insensé, disent bien des gens ; on parle devant moi ! et je retiens... Vous m'avez fait souvent l'aumône, Jutta, et je veux vous prévenir la première. Plus de fêtes ! plus de fiançailles ! avant un mois ce pays sera dévasté.

— Méchant corbeau ! cria Kobold, tu sens donc les cadavres ? »

Jérémias haussa les épaules.

« Serrez vite vos récoltes, poursuivit-il, l'heure du départ va sonner pour tous, beaucoup diront l'adieu sans lendemain... » Jérémias étendit le bras comme pour affirmer davantage ses paroles, puis il disparut.

Cette apparition jeta sur la fête un voile de deuil. Le mendiant parlait rarement, mais on ajoutait foi à ses paroles.

On se sépara sous une impression de profonde tristesse, et Madeleine reçut avec un tremblement de crainte la bague bénite que Johann passait à son doigt.

IV

LEVÉE DE TROUPES.

Il faisait nuit profonde ; le village dormait. Pas une lumière à travers les fentes des volets et les ais des portes. Le ciel était de plomb, sans lumière et sans air. Tout le jour une chaleur torride avait fatigué les hommes, harassé le bétail et crevassé la terre. Depuis quelques semaines on eût dit que la rosée ne tombait plus ; les grands brouillards qui d'ordinaire flottent sur le Rhin et se traînent à l'aurore sur les prés en buées humides et bienfaisantes ne baignaient plus le paysage. Quand l'ange exterminateur anéantit l'armée de Sennachérib on dut ressentir dans le camp cette impression sinistre, indéfinissable. Quand le messager de la colère céleste, passant au-dessus des maisons égyptiennes, atteignit de son invisible glaive l'aîné de chaque famille, on dut respirer cette vague odeur de sang tiède, de marais enfiévré.

Ce silence n'était pas celui qui d'ordinaire succède à la journée laborieuse. On sentait en regardant les toits noirs dans la nuit que le deuil y éteignait le bruit autant que l'heure avancée.

Tout à coup, gradué d'une façon progressive, rhythmée, terrifiante, on entendit sur la route, du côté de Kehl, 'e pas régulier d'une troupe d'hommes et le galop de plusieurs chevaux.

Des lanternes apparurent rouges, vacillantes ; sans doute elles éclairaient la troupe approchant du village. Bientôt une centaine de soldats se groupèrent sur la place, quelques hommes causèrent rapidement, puis des ordres furent donnés.

Au bruit causé par les soldats, par les hennissements des chevaux, par le fracas des chars, quelques habitants entr'ouvrirent les fenêtres, puis, voyant les militaires armés, ils se retirèrent, étouffant un cri de terreur et de désespoir.

Même avant que les soldats eussent fait dans le village de démonstration réglementaire ou hostile, l'effroi gagna de maison en maison, comme une traînée de poudre. Au premier coup frappé contre une des portes, tout le monde se leva, muet, les dents serrées, les femmes pleurant tout bas, les hommes montrant les poings.

Des soldats heurtèrent à l'huis d'un fermier, père d'une de ces familles charmantes et nombreuses, qui sont la joie des foyers, la grâce et la bénédiction de la mère. L'homme ouvrit. Il s'était vêtu à la hâte, la chemise de toile bise entr'ouverte laissait voir une poitrine mâle ; ses mains robustes devaient sans se lasser tenir pendant douze heures le manche d'une charrue.

Sa jeune femme habillée se tenait près de lui, anxieuse. Les enfants, surpris de voir de la lumière, s'effrayaient, se pressant les uns contre les autres, les plus grands couvrant de baisers les plus petits pour les empêcher de pleurer.

« Que voulez-vous ? demanda le fermier.

— Allons, Hatto, dit celui qui paraissait être le chef de la petite troupe, le roi Guillaume veut des soldats, on lève la landwehr. »

Le laboureur recula jusqu'au fond de la chambre.

« Le roi nous demande-t-il si nous avons le temps de nous battre à son profit ? Le roi va-t-il nourrir ma femme et mes six enfants, si je pars ? Arrière, vous autres ! notre sang est à la famille, et nous ne le verserons pas pour conquérir des villes quand notre champ de blé peut-être a besoin de nos sueurs.

— Hatto, dit le soldat, tu vas te créer une méchante affaire : pendant que nous entrons chez toi, mes camarades frappent à la porte de toutes les maisons ; tout homme de quarante-deux ans prendra le fusil pour la Prusse et se battra contre la France.

— Hatto ! Hatto ! que deviendrons-nous si tu pars ! s'écria la fermière en se jetant dans les bras de son mari ; reste... où mendieront mes six enfants si l'on nous enlève notre soutien, notre protecteur ?

— Sois tranquille, répliqua le fermier en attirant à lui sa femme et en se plaçant au-devant des berceaux de ses enfants, ils me tueront peut-être, mais ils ne m'emmèneront pas.

— Faut-il employer la force contre vous ? demanda le chef de la troupe de recrutement.

— La force, les armes, le meurtre, si vous le voulez ; si vous êtes les ministres d'une loi sauvage, agissez en sauvages. L'homme a le droit de défendre son bien, le mari sa femme, le père ses enfants... Moi parti, tous mourraient ! mieux vaut alors finir ensemble... »

Les soldats échangèrent un signe, se précipitèrent sur le fermier, le meurtrirent de coups, le renversèrent sur le sol, étendant leur brutalité sur la femme qui s'efforçait de le défendre, et quand le malheureux qui luttait des ongles, des dents et des poings, accablé par le nombre, saignant et demi-mort, fut réduit à l'impossibilité de faire un seul mouvement, on le garrotta, on l'entraîna dans la cour.

« Toi, dit un soldat à la femme, si tu bouges, je t'enferme dans ta cahutte avec tes petits, et j'y mets le feu. »

Marichen tomba sur ses genoux, et, tenant ses enfants groupés contre elle, ne formant qu'un bloc avec cette masse de têtes blondes, de corps frêles, de membres délicats, les pressant sur son sein comme si elle pouvait les y cacher, elle resta là, regardant son mari, que l'on venait de lier au grand noyer de la cour.

Un seul soldat resta près du prisonnier.

Les autres allèrent continuer ailleurs cette *presse* odieuse, heurter à d'autres seuils, et renouveler partout les mêmes scènes de désolation.

Hans fut un des premiers réveillés par ce tumulte. Les paroles de Jérémias lui étaient revenues plus d'une fois à la mémoire. Il avait recueilli d'autres bruits alarmants et de nouveaux indices. Il devina ce qui se passait. Un déchirement inouï se fit dans son âme. Mais il avait une grande force de cœur, un mâle courage. Il regarda son malheur en face ; en une minute sa résolution fut prise.

Il réveilla sa femme et lui dit avec un calme plus héroïque que toutes les révoltes :

« Roschen, ma Roschen, le Ciel nous éprouve. Sa colère frappe le pays et va peut-être couvrir le monde... Roschen, je dois quitter la ferme, aller Dieu sait où, et j'ignore pourquoi... Le mendiant avait raison, les feuilles publiques aussi ! Entends-tu le bruit des fusils que l'on arme, la marche des soldats, les cris poussés dans les maisons ?... Roschen, on lève la *landwehr*. »

La jeune femme resta un moment immobile, les yeux hagards, les cheveux déroulés, écoutant son mari sans l'entendre.

Hans s'habilla avec tranquillité.

Roschen bondit vers la porte et la barricada.

« Qu'est-ce que cela me fait la landwehr ? dit-elle : je te garde ! Vas-tu pour l'amour du roi faire une veuve et deux orphelins ? Ce roi est-il même ton roi ? Nous sommes Badois, sujets du grand-duc, et non Prussiens.

— Hélas ! fit Hans, nous n'en devons pas moins aller où le voudra le roi Guillaume. »

Roschen resta devant sa porte les bras en croix.

« Écoute-moi, ma femme, dit Hans. Depuis notre mariage jamais je ne t'ai causé de peine... Je verserais pour ton bonheur mes larmes, mes sueurs, mon sang... Ne me demande pas mon serment... Si je ne pars pas, je deviens réfractaire.

— Nous nous sauverons dans la forêt Noire, dit Roschen ; nous emmènerons nos enfants. Tu te feras bûcheron ou braconnier... Qu'importe la peine ? qu'importent les champs ? la liberté et toi ! le père de mes enfants, le compagnon de ma vie.

— Pauvre Roschen ! la fuite même serait impossible... Le village est cerné. On fait la levée des troupes militairement, sommairement... On enrégimente les hommes comme les loups volent les agneaux, la nuit, en maraudeurs, et s'il le faut en bourreaux... Roschen, je ne serai pas lâche... Mon devoir est de partir, je partirai.

— C'est en partant que tu te montres lâche, puisque tu m'abandonnes ! »

Hans tomba sur un siége.

« Roschen, l'épreuve ne te trouve pas résignée

en chrétienne... Sais-tu ce que l'on fera si je refuse de partir ?

— Non ! » répondit-elle éperdue. Avant que Hans eût eu le temps de rien ajouter, un coup de crosse de fusil ébranla la porte. Roschen appuya de toute sa force contre le portail pour défendre l'entrée de sa maison.

Le mouvement d'épaule du soldat jeta les panneaux hors des gonds, et renversa la jeune femme.

« Hans Namb ? dit le soldat.

— Me voici, dit le fermier en enlevant Roschen dans ses bras.

— On fait mine de se défendre, il paraît, et le village tout entier se rebelle contre le roi ! Nous allons voir si l'exemple d'Hotto sera profitable.

— Hotto ? demanda Roschen.

— Il a refusé de partir, lutté contre ses recruteurs. Dans une heure...

— Mon Dieu ! mon Dieu ! que lui ferez-vous ?

— Nous le fusillerons, répondit froidement le soldat.

— Pars ! pars ! dit Roschen en se jetant dans les bras de son mari... je ne veux pas que l'on t'assassine. Pars, je serai forte, Hans, mon mari...

Nous prierons pour toi, je cultiverai le petit domaine, tu nous reviendras ! »

Il y eut entre les époux un échange de douleur sans cris, sans larmes. On s'embrassait, on se quittait, on s'embrassait encore ; les yeux se mouillaient, les mains s'étreignaient.

« Quand vous éloignez-vous ? demanda Roschen aux soldats.

— Après le recrutement... Mauvais pays tout de même.

— Ah ! fit Roschen, lorsque, rentrés dans votre famille, vous choisirez une femme, quand vous aurez des enfants, vous verrez ce qu'il en coûte d'abandonner tout cela... Mon mari ne se révolte pas, vous le voyez, il consent à partir... c'est moi qui ne voulais pas... Les femmes, vous comprenez, ne voient que le foyer et ceux qui leur tiennent par le sang... Hans est bon, il sera brave. Laissez-le ici jusqu'au dernier moment.

— Cela ne se peut pas, dit d'une voix adoucie le soldat, mais vous pourrez l'accompagner un peu.»

Hans prit un de ses enfants, Roschen enleva l'autre, et tous deux suivirent les recruteurs.

« Où allons-nous ? demanda Hans.

— Sur la place.

— Ah ! fit Roschen, voilà qu'on entre chez Gottlieb. »

Jusqu'à ce moment leur douleur personnelle les avait empêchés de songer à la famille Schawb ; en cet instant, d'un même élan ils coururent près du chef de recrutement.

« Meister, dit Hans, mes anciens maîtres, mes amis sont là... Vos camarades pénètrent dans la maison... Voyez, les lumières vont et viennent... Ne pourrons-nous les assister, leur dire adieu ? Le bourgmestre est aveugle, on va tout lui prendre, tout, il restera seul avec sa bru et Kobold.

— Allons ! fit le soldat ; au surplus, il me semble que de ce côté tout marche assez mal aussi. »

La petite troupe prit le chemin des Sureaux.

Qu'il était charmant ce sentier aux marges d'herbe, aux buissons d'un vert sombre, constellés d'ombelles au parfum pénétrant ! Quand par les matins de printemps Roschen y passait, elle se sentait l'âme réjouie. Maintenant elle était sombre, plus sombres encore les haies de sureau, et les peupliers dressés derrière paraissaient de grands fantômes. On se pressait, on s'arrêtait, on trébuchait. Quand il fallut franchir le ruisseau élargi et des pavés de pierres inégales et plates, les soldats poussèrent de sourds jurements. Roschen se cramponnait au bras de son mari et serrait contre sa joue la tête de son plus petit enfant.

En tournant à gauche du chemin, la troupe se trouva en face de la maison du bourgmestre.

Le tableau qui se présentait aux regards était navrant, mais empreint d'une sorte de grandeur. La porte de Gottlieb restait ouverte toute grande.

L'aveugle se tenait sur le seuil, une main appuyée sur l'épaule de Kobold ; à sa droite ses trois fils formaient un groupe fraternel ; à sa gauche se pressaient, parlaient, priaient et pleuraient des vieillards, des enfants, des femmes.

En face les soldats attendaient l'arme au pied. De temps en temps, de loin en loin, un cri s'élevait.

« Gottlieb, ne ferez-vous rien pour notre salut?» demandèrent des voix pleines de larmes.

Le bourgmestre se redressa et d'un geste commanda le silence.

« Votre salut, mes enfants, dit-il, hélas ! puis-je me sauver moi-même ? La loi me prend non pas un fils, mais trois fils... Je suis vieux, je suis faible; il restera ici un infirme, une veuve, un être impuissant, et cependant j'obéis... Je laisse partir mes fils, parce que le recrutement est inflexible.

Johann quitte sa mère, il n'aura pas même le temps d'embrasser sa fiancée... Que faire ? qu'opposer à la loi ? Voulez-vous qu'on nous égorge ? On vient à nous comme on vint à Jésus, avec des soldats, des lanternes et des bâtons... Marche toujours ! le roi veut des hommes. Si j'avais fait le code, j'aurais supprimé l'armée, doublé le nombre des instituteurs et des prêtres... Paysan, je me courbe sous le joug du fer ; magistrat, je vous donne l'exemple de la soumission.

— Qu'allons-nous devenir ? c'est la ruine du pays, c'est la famine, c'est la mort....

— Courage, Dieu ne vous abandonnera pas ! dit Gottlieb. Hans s'éloigne, il est marié, père aussi... mes enfants, Fritz, Wilhelm ! adieu ! et toi, mon Johann, console tes frères et rends-leur le courage.

— Un baiser, mère, » dit Fritz à Jutta.

La fermière muette, farouche, posa sa main sur la tête de son fils.

« Dieu vous garde, fit-elle, et vous Johann, et vous Wilhelm ; et qu'il m'envoie la mort, car j'ai trop vu de départs et de trépas dans ma vie ! »

Kobold baisa la main de ses frères, mais il tâcha de se lever jusqu'à l'oreille de Johann.

« Je verrai Madeleine, dit-il.

— Tu lui donneras ceci, ajouta Johann, en prenant un petit livre dans sa poche.

— Oui, frère, et je t'écrirai. »

Gottlieb dit simplement :

« Je vous bénis, mes fils, faites votre devoir. »

Hans allait s'éloigner avec les fils de ses anciens maîtres, quand un pas précipité se fit entendre ; un homme effaré, haletant, se précipita presque aux pieds de Gottlieb.

« Ma mère est valétudinaire, dit-il, elle n'a que moi ; si je m'éloigne, elle mourra de faim ; j'aime mieux cesser de vivre tout de suite que de songer à pareille douleur... Quoi ! vous autres, vous partez ! vous vous laissez emmener ! Vous n'aimez donc rien ? Imitez-moi, défendez-vous, résistez ! Si tout le monde refuse de s'enrôler, il faudra bien que le roi se passe de soldats !...

— Il a raison pourtant ! dirent des voix timides.

— Il a tort ! répliqua Gottlieb. Judic, on soignera ta mère, on l'adoptera dans le village. »

Les soldats entourèrent le paysan.

« Allons ! dirent-ils, c'est assez d'un mutin pour cette nuit, venez !

— Jamais, jamais ! J'aime mieux tomber sur le sol, dans mon village, que de me faire écharper avec des machines à mort inventées par le diable.... »

Et, avec une brusquerie qui ne permit pas d'empêcher sa fatale résolution, le fermier se coupa la gorge à l'aide d'une petite serpe.

Il tomba le cou ouvert par une plaie hideuse, et perdant tout son sang.

Il y eut un moment d'indescriptible émotion. Les soldats eux-mêmes, si accoutumés qu'ils fussent à des recrutements difficiles, n'avaient jamais vu rien de pareil. Dans la crainte de malheurs et de désordres plus grands encore, les soldats se hâtèrent d'entraîner les recrues sur la place du village.

De chaque maison sortaient des groupes mornes.

Sur chaque seuil éclataient des sanglots.

Les lamentations de Rama ne furent ni plus désolées ni plus effrayantes... les mères de Rama pleuraient leurs enfants ensevelis ; les femmes de ce pauvre village pleuraient leurs époux, leurs fils, leurs frères jetés dans la gueule aux dents d'airain du Léviathan de la guerre. Le chef de la troupe fit l'appel des recrues.

Deux hommes ne répondirent pas.

L'un, Judic, était devant la porte du bourgmestre.

Le second, Hotto, attendait son arrêt.

On alla le chercher.

Une fois encore on l'adjura de partir. Il regarda les recruteurs d'un air féroce ; sa femme, pareille à une louve irritée, l'encourageait dans sa révolte.

« Encore une fois, Hotto, dit le soldat, vas-tu nous suivre ?

— Non ! répondit le fermier.

— Deux fois ! oui, pour la dernière fois, je te répète,... les ordres reçus sont précis, sanglants... mon devoir sera de les exécuter.... Partiras-tu ?

— Non ! répondit encore Hotto.

— Vous ferez six orphelins d'un coup et une veuve ! s'écria Marichen ! Au surplus, ne l'avez-vous pas à demi tué, cet homme robuste comme ses bœufs de labour et doux comme un agneau ?

— Allons, dit Hotto, j'attends. »

Un soldat épaula son fusil.

« Déserteur, dit le chef, je te condamne. »

Un coup de feu partit, Hotto tomba....

Un cri d'horreur s'éleva de la foule.

Marichen s'élança sur le soldat qui venait de tuer son mari, et jetant ses enfants à ses pieds :

« Bourreau, dit-elle, achève ta besogne. »

Un roulement de tambour se fit entendre, un son de flûte aigu traversa l'air, un râle, des sanglots, puis encore le bruit des fusils, le *for Werts* du commandement, et les recrues de la landwehr s'éloignèrent du village.

Marichen restait évanouie sur le sol.

Le jour se levait.

Une belle matinée d'été rose à l'horizon, bleuâtre au zénith. On eût dit que la journée serait moins lourde et la température plus clémente. Hélas ! sur quelle scène allait se lever le soleil !

A terre gisait le cadavre de Hotto, ce représentant de la révolte au nom du foyer, de la famille. Marichen, dont une main se crispait à l'habit du mort, était entourée de ses enfants, qui l'appelaient des noms les plus tendres et tâchaient de la rappeler à la vie.

Roschen la releva, la fit asseoir contre un arbre, et lui donna les premiers soins. Mais que dire à l'infortunée ? Son malheur était irréparable ; ne l'avait-elle pas pour ainsi dire voulu ? Si Marichen avait encouragé Hotto à l'obéissance, il eût cédé par amour pour elle, par pitié pour ses enfants.

Roschen frémit en son cœur du danger dans lequel elle avait failli jeter Hans, et se promit d'être bonne pour la malheureuse veuve.

Plus loin, devant la porte de Gottlieb, une flaque de sang marquait la place où Judic s'était suicidé...

On avait le frisson en contemplant les ruines morales laissées dans ce village en une seule nuit, et par le fait d'une volonté aveugle, despotique, ambitieuse.

Gottlieb, guidé par Kobold, s'avança sur la place.

Le bourgmestre était pâle et sa voix tremblait.

« Mes amis, dit-il, la crise qui se prépare est affreuse ; unissons-nous afin d'être assez forts pour la soutenir... Déjà du sang versé, mon Dieu ! que sera-ce plus tard !.. Rendez aux morts les suprêmes devoirs, même à celui qui manqua de courage... Je vous attendrai sous ce grand chêne, venez tous ! tous !

Roschen entraîna la veuve du supplicié.

Une heure plus tard, une foule morne se pressait autour de l'arbre où tant de fois Gottlieb avait rendu de pacifiques arrêts.

Vieillards, adolescents, infirmes, femmes, enfants, étaient là.

« Il s'agit de nous compter, dit Gottlieb, et de pourvoir d'ici peu au soin des propriétés de tous. La moisson n'est pas faite, et c'est un grand malheur ; essayons de suppléer à la force par le courage. Un recensement juste, une bonne volonté chrétienne peuvent remédier à bien des maux.

Les hommes robustes se chargeront des gros travaux ; nous mettrons nos bestiaux en commun, pour avoir besoin de moins de bouviers ; la moisson s'achèvera plus lentement si nous n'avons que des enfants et des femmes pour la faire, mais enfin elle s'achèvera, et le grain sera mis dans les greniers... Défendons-nous contre la disette ; n'est-ce pas assez de la guerre ? Si le mal empirait, nous vivrions ensemble ; le plus riche partagerait ses provisions avec le plus pauvre. Je prends dès ce moment chez moi deux des enfants de Marichen, adoptez les autres.

Un élan de charité poussa deux femmes près de la veuve.

« Et la mère paralytique de Judic ? demanda Gottlieb.

— Donnez-la moi ! » dit une veuve dont le fils venait de partir.

En deux heures le calme se fit dans le village, calme mêlé de terreur sur lequel planait pourtant la résignation.

Hélas ! ce qui se passait à Kelh se renouvelait dans chaque bourg, dans chaque ville, menacée par l'orgueil du Nabucho germanique.

On ne décimait pas seulement les familles, on arrivait à la suppression des nationalités.

Rois spoliés, grands-ducs humiliés, princes privés de leurs États courbaient la tête sous le glaive de la Prusse. L'Allemagne, la grande Allemagne, s'absorbait dans l'engloutissement de la politique prussienne.

En Hanovre, en Bavière, dans le Wurtemberg, on enlevait les hommes valides qui pour l'armée proprement dite, qui pour la landwehr, qui pour la landsturm.

Le but principal n'était pas de se procurer des hommes, mais d'enlever à ces pays jadis indépendants une population militaire capable de retour vers l'ancien régime, et dont la volonté eût pu s'opposer plus tard à l'unité impériale.

A peine les petits royaumes se dépeuplaient-il

de leurs nationaux que des soldats Prussiens d'origine les remplaçaient.

Hanovriens, Polonais du duché de Posen, Wurtembergeois, Bavarois, devaient s'incorporer dans les divers régiments prussiens, afin que l'on pût les surveiller, les mater, surtout les empêcher de crier en face des bataillons de la France :

« Rendez-nous nos patries, vous qui savez affranchir. »

On ne se borna pas là ; on devait sacrifier ces étrangers, et les jeter en hécatombe sous les pieds rouges de sang du monstre des batailles. Il fallait les rayer des cadres de l'armée, comme on avait rayé leur pays du livre des nations.

L'Allemagne poussa un long cri de détresse ; avant tout l'Allemagne est recueillie, paisible, savante, amie de la famille. L'arracher brusquement à ses préoccupations rurales, à ses joies intimes, pour la jeter dans le mouvement de la guerre, c'était la bouleverser jusqu'au fond des entrailles.

La Prusse est militaire, batailleuse, envahissante ; l'Allemagne, assise au bruit de ses fleuves, aime à laisser couler sa destinée comme ils laissent aller leurs ondes.

La Prusse, la Prusse de Frédéric avide d'agrandissements, hypocrite et traître, signant d'une main un traité et le lacérant de l'autre, a pu entraîner l'Allemagne dans son mouvement, après l'avoir assujettie par ses conquêtes ; mais elle ne l'a pas convaincue, et ne fera jamais entrer en elle l'esprit d'orgueil et de cruauté qui lui est propre.

Tous les journaux ont appris au public dans quelles conditions d'âge se faisait la levée de la landwehr, aucun n'a rappelé à quelle occasion fut réglée cette réquisition.

Après la victoire d'Iéna, le traité passé avec la Prusse lui imposait de n'avoir à l'avenir qu'un effectif de quarante mille hommes. Sharnost découvrit ce moyen mixte d'avoir sur pied une armée ostensible de quarante mille hommes, dont le chiffre se pouvait vérifier aisément, et en arrière une armée infiniment plus considérable prête à se lever au premier appel, mais invisible et muette.

La *landwehr*, mot qui signifie rempart du pays, est divisée en cinq classes englobant tous les hommes ayant déjà servi sous les drapeaux, jusqu'à l'âge de trente-deux ans ; la *lands turm*, sauveur de la patrie, comprend les citoyens de trente-trois à quarante ans. Encore, passé cet âge, tout homme peut-il être chargé de garder les forts et les remparts d'une ville assiégée. On peut donc dire qu'en Prusse l'homme reste toute sa vie ployé sous la servitude militaire, et que ni le mariage, ni les droits de la famille, ni l'âge ne l'exemptent des obligations de se battre pour les successeurs de Frédéric.

Jamais, depuis le règne de ce Frédéric le Grand, qui fit de la Prusse une vaste caserne dans laquelle disparaissent les individualités, ce royaume, dont la prospérité date de la révocation de l'édit de Nantes, ne s'était senti sous une double influence diplomatique et militaire ; il se levait tout à coup hardi, accapareur sans crainte ni scrupule, étendant sa main armée sur tout ce qui lui convenait. On sentait en Prusse une odeur provocante de poudre. Les casques, les fusils reluisaient. Les bandes noires et blanches de ses drapeaux, presque semblables aux drapeaux arborés en temps de peste, marquaient des limites sans fin reculées. Et pour contenir cette œuvre d'annexion, d'envahissement, de conquête à tout prix, il fallait des fusils, des engins de guerre, du plomb, du fer, l'électricité, les matières explosibles, mais surtout des murailles de soldats, et voilà pourquoi la réquisition frappait à toutes les portes, et une *presse*, mille fois plus terrible que celle d'Angleterre, dépeuplait les villes et ruinait les campagnes, au mois de juillet 1870. Alors que le roi Guillaume, en face de la tombe du grand Karl, rêvait de se faire ciseler un globe impérial... avait-il donc au trésor d'Aix-la-Chapelle essayé par avance cette couronne immense pour laquelle les fronts modernes ne semblent plus faits ? Le ministre dont il faisait son oracle lui montrait-il le pavois du granit de la *Kœnigsthul* comme le seul trône digne de lui ? Pensait-il qu'après avoir refait la carte du monde occidental, du haut de ce siége historique ombragé jadis par les bannières des électeurs, il lancerait sur l'Europe effrayée sa double aigle noire au bec sanglant ?

Tandis que le despote reconstituait dans sa pensée l'empire de Barberousse, en Bavière, en Hanovre et dans le Luxembourg, les mères, les veuves pleuraient, et la malédiction des faibles montait jusqu'à Dieu.

V

ENRÔLEMENTS VOLONTAIRES.

Le silence régnait de nouveau dans le village, silence de découragement et de mort. Les maisons closes cachaient le secret de leurs deuils. Les mères avaient forcé les enfants de rentrer dans les salles et dans les jardins. Les places et les chemins, remplis de tumulte pendant la nuit, étaient redevenus déserts. On se cachait pour pleurer, et la force nécessaire au travail manquait à chacun. Il fallait que le premier flot de larmes coulât.

Gottlieb, assis dans son grand fauteuil, cherchait avec Jutta le moyen de sauver le domaine de la ruine en achevant la moisson commencée. Pendant ce temps Kobold disparaissait sans bruit et, courant aussi vite que le lui permettaient ses pauvres jambes, il gagna le pré dans lequel paissait le poulain noir, sauta sur son dos, lui mit une corde dans la bouche en guise de mors, puis, pressant des pieds les flancs de l'animal, s'accrochant d'une main à sa crinière, il suivit au galop la route de Strasbourg.

Le poulain cabriolait, sautait, prenant pour un jeu la course à laquelle l'obligeait Kobold ; il s'arrêtait, puis reprenait sa course, harcelé par les talons du bossu. Les gens qui passaient sur le chemin de Kehl riaient du cavalier grotesque; Kobold ne s'en apercevait même pas. En moins d'une demi-heure il se trouva en face du porche, attacha le poulain à l'un des piliers et pénétra dans la boutique de Madeleine, à qui, en peu de mots, il apprit les événements de la nuit.

La jeune fille courut réveiller Mâche-Balle, qui descendit avec Louis dans l'arrière-boutique.

Le bossu dut recommencer le récit des scènes dont le paisible village avait été le théâtre.

En écoutant Kobold, le vieux zouave serrait les poings, et le visage de Louis reflétait une indignation martiale.

« Ah ! s'écria le zouave, ce n'est pas de la sorte que la France, sûre d'elle-même, appelle ses enfants aux armes ! Elle tire le glaive du fourreau, elle agite le drapeau ; et ses enfants se lèvent. Puisque la Prusse recrute des hommes, la guerre est imminente, nous devions le prévoir ! Les empiètements de Guillaume datent de quatre années ; nous les avons soufferts, ce fut une faute. Il s'agit de la réparer, de circonscrire la Prusse dans ses limites et de reconstituer les royaumes absorbés par elle. Nous voilà ! Je reprendrai, moi, ma calotte et ma veste de zouave ! Le pays n'aura pas besoin de demander des pères de famille, tous nos jeunes gens seront soldats et tous nos soldats des héros. »

Le visage de Louis rayonnait d'enthousiasme en écoutant la parole vibrante de son père.

Kobold le regardait avec admiration.

« En attendant, fit Mâche-Balle, ils sont partis ces braves garçons ; Johann, que je nommais déjà mon fils, et ces jumeaux qui s'aimaient d'une amitié si tendre... Eh bien ! il me semble que notre place est aux Houblons ; nous cultiverons la terre de Gottlieb jusqu'à ce que... »

Mâche-Balle n'acheva pas. Madeleine l'embrassait.

« Je t'ai comprise, n'est-ce pas ? demanda le père.

« — Et je la remplace, moi, s'écria Joviale en entrant dans la salle. Partez tous, sauf Louis, qui se doit à son maître d'apprentissage ; soutenez le courage de ceux qui sont tentés de désespérer. Strasbourg n'est pas loin des Houblons ; je fermerai le magasin de bonne heure, et Louis et moi, nous irons souvent vous surprendre là-bas. »

Le soldat serra la main de l'excellente femme.

« Vous êtes toujours là dans les moments difficiles, Joviale ; votre offre est faite de trop grand cœur pour que nous la repoussions... Sans retarder d'une heure, nous partons pour le village. »

Madeleine serra Kobold dans ses bras.

« Pauvre frère, dit-elle, nous parlerons ensemble des absents. »

La jeune fille installa Joviale au comptoir, lui donna des explications sommaires, et noua quelques hardes indispensables dans un paquet.

Kobold l'attacha sur le dos du petit cheval, qu'il voulut céder à Madeleine.

La jeune fille refusa.

« Je prendrai le bras de mon père, » dit-elle.

Un quart d'heure après, la petite troupe suivait le chemin des Houblons.

Louis accompagna Mâche-Balle et sa sœur l'espace d'un quart de lieue.

« Je reste à Strasbourg, dit le jeune homme, et fasse le Ciel que vous ne soyez pas obligés de revenir trop tôt. »

Le zouave et l'enfant s'entendaient.

« Je fais mon devoir d'homme, dit Mâche-Balle; à l'occasion remplis le tien, mon fils. »

Une poignée de main martiale et tendre à la fois fut leur dernier adieu.

On franchit le pont de Kehl, et peu après le clocher, émergeant des bois, des champs de houblons, des vignes, apparut à Madeleine. A mesure qu'elle approchait de ce village où si peu de semaines auparavant s'étaient célébrées ses fiançailles, elle demeurait frappée de l'aspect de deuil qu'il présentait: on ne voyait dans les champs que des femmes courbées sur le sol, haletantes sous des fardeaux, des vieillards ou des infirmes.

La ferme des Houblons offrait un aspect animé, mais plus triste encore. Les malheureux habitants du village venaient tous demander à Gottlieb un conseil, un aide, un secours d'argent.

Le bourgmestre aveugle ne disposait de rien sans le consentement de Jutta.

7.

Celle-ci regardait son malheur sans se préoccuper de celui des autres. Quand le vieillard essayait de l'intéresser à une infortune, elle s'écriait avec moins de douleur encore que de colère :

« Vous n'avez plus d'enfants à aimer ; nous manquons de bras pour cultiver la terre ; la famine entrera dans notre maison... Que chacun porte sa peine à cette heure et n'embarrasse pas les épaules des autres de son fardeau. »

Gottlieb soupirait et se taisait.

Le vieillard et sa bru échangeaient des paroles pénibles, quand le galop du cheval de Kobold se fit entendre.

Jutta vit le bossu, suivi de Mâche-Balle et de Madeleine.

« Il ne manquait plus que cela, dit-elle, les gens de Strasbourg viennent pleurer ici !

— Madeleine est de la famille, répondit Gottlieb avec autorité ; elle attendra fidèlement le retour de Johann.

— S'il revient ! murmura Jutta.

— Vous devenez cruelle, » répliqua Gottlieb.

La veuve eut un remords et saisit la main de l'aveugle.

« Je souffre beaucoup, » dit-elle.

Gottlieb leva la tête vers elle. Jutta vit alors deux grosses larmes couler lentement sur ses joues.

« Dieu nous sauvera, reprit-elle plus doucement, soyez tranquille ; je ferai bon accueil aux Miller. »

Le zouave et sa fille entrèrent.

« Gottlieb, et vous Jutta, dit Mâche-Balle, nous venons vous offrir nos bras. J'ai cultivé la terre jadis, les travaux des champs me connaissent. Ma fille est vaillante, elle aidera Jutta et la suppléera au besoin... Ne nous laissons pas abattre, tout ira peut-être mieux que nous ne le pensons... A moi seul je prétends remplacer Fritz et Wilhelm.

— Madeleine, dit Jutta, préparez les repas et soignez l'intérieur de la maison. Moi et votre père, nous couperons le blé. »

Pendant tout le jour, penchés sur le sillon, la faucille à la main, Mâche-Balle et Jutta moissonnèrent. Quand ils rentrèrent, la table était mise, et la jeune fille avait trouvé le moyen de sarcler les légumes du jardin. Au bout de quatre jours un des champs fut couvert de gerbes.

« Nous les rentrerons dans la semaine, dit Mâche-Balle, et nous les battrons cet hiver. »

L'une après l'autre, toutes les récoltes de la veuve se trouvèrent engrangées.

Le départ des jeunes gens ne causa pas de sensible dommage. La reconnaissance de Jutta fut sincère, bien que froidement exprimée.

« Maintenant, dit Gottlieb, il s'agit de Roschen ; la pauvre âme se lamente et croit tout perdu ; mais où se trouve un soldat français, qui donc désespérerait ? Roschen attendra sans pâtir le retour de Hans ; nous récolterons et plus tard nous sèmerons pour elle. »

Le dévouement, l'entrain du soldat rendirent le courage aux hommes valides. On redoubla d'ardeur pour terminer les travaux de la saison.

Chacun témoignait au zouave un respect sincère, une franche amitié. Quant à Madeleine, on l'adoptait d'avance comme la femme de Johann Schawb.

Kobold se multipliait d'une façon miraculeuse ; seul il se chargeait de mener paître le bétail et s'acquittait de tout ce qui concernait les troupeaux avec une extrême sollicitude. Sa grande activité d'esprit le servait merveilleusement dans ces moments difficiles. Ses conseils étaient empreints d'une sagesse précoce, et Jutta, d'abord surprise de l'entendre raisonner, s'accoutuma bientôt à le consulter.

Un matin il lui dit :

« Ma mère, le roi de Prusse ne lève pas des hommes sans avoir idée de faire la guerre. Si elle éclate tout à coup, nous serons dépouillés, spoliés, ou tout au moins mis forcément à contribution par les troupes traversant le pays pour se rendre sur la frontière... J'ai lu dans les livres, et mon grand-père m'a raconté, que dans des circonstances semblables on emmenait le bétail des fermiers sans beaucoup de scrupule... Si vous m'en croyez, nous vendrons tout, moutons, chèvres, veaux et bœufs, réservant seulement la paire de bœufs roux. On met plus vite quelques pièces d'or dans sa poche qu'on ne dissimule du bétail dans l'étable. »

Gottlieb fut du même avis, et l'on convint de vendre le bétail.

« Mais qui se chargera de ce soin ? demanda la veuve.

— Moi, si vous y consentez, et j'espère m'en tirer à mon honneur. »

A quelques jours de là, Kobold conduisit à une foire voisine les vaches tigrées, les bœufs fauves et les moutons. Il revint en faisant sonner l'or dans la bourse, et reçut les éloges de Jutta.

« Vous me remercierez, fit Kobold, plus tard, au moment où nos voisins seront mis en réquisition. »

Kobold s'occupa ensuite des céréales, et multiplia ses services sans les faire valoir.

On apprécia pleinement son activité, son adresse, que n'entachait jamais la fraude, et le cœur dévoué caché sous cette enveloppe fantasque dont chacun riait jadis.

A la fin de la semaine Joviale et Louis visitèrent les fermiers des Houblons. Joviale, d'ordinaire si gaie, paraissait songeuse, et le visage de Louis s'imprégnait d'une gravité qui ne lui était pas habituelle.

Joviale fut cordialement accueillie, et sa présence dilata le cœur de Madeleine. Avec cette excellente créature, elle osait davantage parler de son fiancé, de ses regrets, de ses inquiétudes.

Pendant que les trois femmes restaient dans la salle, le jeune forgeron prit le bras de son père.

« Vous n'avez plus que quelques jours à rester aux Houblons, lui dit-il ; on attend la déclaration de guerre ; la ville de Strasbourg est pleine d'enthousiasme ; dans deux semaines, avant peut-être, le sang coulera ici. Vous savez quelle tendresse m'unit à vous... mais j'ai dans le cœur votre indomptable bravoure, et si l'on se bat...

— Si l'on se bat, répondit le zouave, attends ton père. »

Ces mots furent dits avec une telle expression que Louis n'insista pas.

Jutta comprit que de graves préoccupations remplissaient l'esprit des hommes. Elle les questionna. Ceux-ci, dans la crainte de l'effrayer, répondirent évasivement. Gottlieb ne resta pas dupe de leur réserve, il le dit à Mâche-Balle avec une sincère douleur.

« Nous sommes assez forts pour soutenir de pareils désastres, dit celui-ci; ménageons le cœur des femmes tant qu'il sera possible. »

Le reste de la soirée se passa d'une façon pénible. Le mot *guerre* se trouvait sur toutes les lèvres; on attendait le premier choc; on ne pouvait distraire son esprit de la lutte prête à s'ouvrir. Des deux côtés se trouvait engagé l'honneur d'un pays. Mais les paysans des rives du Rhin savaient que quel que fût le résultat des batailles, ils se trouveraient ruinés. Le passage des troupes détruirait les moissons, les vignes, affamerait la contrée, et la priverait de tout pour longtemps.

Nul d'ailleurs ne pouvait dire si le territoire badois ne se transformerait point en champ de bataille, et nul ne pouvait prévoir les désastres produits par le canon, les mitrailleuses et les obus ; combien, à la place des maisons paisibles étagées sur les coteaux, répandues dans la plaine, abritées par les forêts sombres, trouverait-on de débris et de ruines !

Et l'Alsace, cette sœur des provinces allemandes du Rhin, que de maux ne souffrirait-elle pas ? Si l'ennemi violait le territoire sacré de la patrie, ne recevrait-elle point les premiers coups ? Son annexion n'était-elle point le véritable but de la guerre ? Ne fallait-il pas l'offrir comme une récompense aux lâches souverains qui, loin de s'opposer en leur nom et au nom de leurs peuples aux empiètements de la Prusse, baissaient la tête pour que le roi Guillaume posât sur leur couronne d'or l'éperon de fer de sa botte ?

L'angoisse était profonde, légitime. Les familles Schawb et Miller personnifiaient la situation de toutes ces familles de laboureurs habitant les rives du Rhin. Un mot allait anéantir leur modeste fortune et mettre à néant leurs projets d'avenir...

Pendant que Jutta, Madeleine et Joviale s'occupaient du repas, Gottlieb, Louis et Mâche-Balle parlaient des affaires du pays.

« Cette guerre sera longue, dit le bourgmestre, ce sera une guerre d'extermination... Dans ma jeunesse j'ai beaucoup voyagé ; me trouvant à Trèves, j'ai visité une église splendide, Saint-Paulin, dont les fresques représentent le massacre de la légion thébaine... Jamais je n'oublierai l'impression produite par cette peinture. Au centre coule la Moselle, rouge du sang des martyrs, et sur chaque rive les soldats de l'empire égorgent les chrétiens... Dieu fasse que nous ne voyions jamais nos fleuves rouler ces flots pourpres, et que les scènes retracées par Scheffner d'Augsbourg ne se réalisent point ici... Je le demande sans l'espérer... Mon âme s'emplit d'angoisse... La guerre à laquelle concourent nos fils n'est pas la nôtre. Si l'Allemagne est notre mère patrie, si nous parlons sa langue, nous ne sommes point sujets du roi de Prusse, et les Badois n'ont pas été appelés à signer les traités... Nos enfants sont jetés en avant de l'armée comme une première proie offerte à l'ennemi... Une fois la Bavière, le Hanovre et les duchés dépeuplés, la Prusse entrera au cœur même de notre patrie. Sont-ce les campagnes de la Prusse qui souffriront davantage? Non, mais les nôtres. Il faudrait plusieurs semaines aux Français pour gagner Berlin par étapes ; demain peut-être le sol badois sera foulé par eux... Nous aurons à nourrir une armée affamée, et nos champs deviendront de vastes cimetières.... Mâche-Balle ! vous êtes un soldat; vous connaissez les chances, les dangers, la gloire des camps, et vous avez aimé la guerre qui vous donna votre brevet de bravoure ; mais pourtant, que de maux elle entraîne, que de deuils elle enfante, que de ruines elle accumule ! Je serre vos mains amies dans mes mains tremblantes ; votre fils Louis paraît ressentir pour moi de l'affection, et demain, au premier appel de votre pays, que dis-je? à son premier souffle dans un clairon, vous repasserez le Rhin pour reparaître devant ce village la baïonnette au poing... Et si, horrible pensée ! vous trouvez, vivante muraille pour vous empêcher de franchir notre limite badoise, la poitrine de nos enfants, cette poitrine vous la trouerez sans merci et vous rejetterez au seuil de ma ferme leurs cadavres ensanglantés.

— Dieu nous préserve, mon fils et moi, d'une pareille rencontre, dit Mâche-Balle d'une voix frémissante.

— Et je vous jure, ajouta Louis en serrant la main de l'aveugle, de respecter la vie de Hans, de Johann et de ses frères, en tant que le permettra mon honneur. »

Gottlieb se leva.

« Les braves cœurs ! s'écria-t-il, les braves cœurs ! »

Jutta parut, annonçant que le souper était servi.

Madeleine prit le bras de l'aveugle, et Kobold suivit Madeleine, comme l'ombre suit le corps.

Arrivé devant la table, et debout près de son fauteuil, le bourgmestre se signa, et, d'une voix rendue tremblante par l'émotion, il implora la bénédiction du ciel.

On entendit alors dans l'unique rue du village des cris d'enfants et des supplications de femmes.

La veuve de Hotto, la mère de Judic, se tenaient sur le seuil de Gottlieb.

« Ma fille, dit l'aveugle à Jutta, me permettez-vous d'agir comme je le ferais dans ma maison ?

— Faites, répondit la fermière.

— Ouvre la porte, Kobold. »

Gottlieb ajouta :

« Madeleine, votre bras. »

Puis se dirigeant vers les groupes désolés :

« Venez, dit-il, la table du pauvre bourgmestre est servie pour ses frères malheureux. »

En un instant Madeleine eut pris des assiettes dans le dressoir et préparé le couvert des veuves et des orphelins.

« Jusqu'à la dernière poignée de grain et la dernière pomme de terre, vous partagerez tout ici, » dit l'aveugle.

La femme de Hotto essuya ses larmes, les enfants se jetèrent avec avidité sur le repas qu'on leur servit.

Après le souper les deux familles s'éloignèrent.

« A demain, cria Gottlieb sur le seuil.

— A demain ! répondirent les enfants en lui envoyant des baisers, cette touchante bénédiction de l'innocence.

— Louis, dit Mâche-Balle, je n'ai sans doute plus beaucoup de jours à rester ici ; tiens-moi au courant. »

Une semaine plus tard la guerre était officiellement déclarée.

Quand le bourgmestre l'apprit, il dit au zouave :

« Dormez encore une fois dans cette maison, demain vous partirez... Votre amitié pour nous se changerait en danger... Si ce toit ne s'effondre pas sous les balles, la paix signée, nous y passerons encore des jours heureux.

La nuit fut calme.

A l'aube chacun était debout.

Une grande animation succédait à la stupéfaction de la veille. On attendait le début des événements. On sentait qu'ils allaient se précipiter.

L'inquiétude était dans l'air; elle oppressait le cœur. Un ouvrier arrivant de Kehl justifia les appréhensions des paysans, en racontant que l'on n'avait cessé de travailler près du pont de fer jeté sur le Rhin, et que sans nul doute on méditait la rupture des communications avec la France.

La famille Schawb courut jusqu'au fleuve. Une foule de femmes, d'enfants, de laboureurs, se joignit au bourgmestre. Leur attitude était affaissée, et leur démoralisation complète. Une fois la route supprimée entre le duché de Bade et l'Alsace, le commerce des maraîchers, des laitiers, se trouvait perdu; Kehl existant par la France et trouvant, grâce à elle, l'écoulement de ses mille produits, allait être subitement ruiné. Les moyens de gagner assez d'argent pour nourrir leurs familles manqueraient aux fermiers. Une partie de la journée dura le mouvement des ingénieurs et des soldats badois.

Le bourgmestre se fit tout expliquer.

« Mes amis, dit-il à Mâche-Balle et à ses enfants, l'heure de la séparation est venue... Serrons-nous les mains une dernière fois, et que Dieu nous garde, si les hommes tentent de nous perdre. »

Jutta serra presque avec tendresse Madeleine dans ses bras ; Louis et son père étreignirent les mains du vieillard.

« Ne crains rien, ma sœur Madeleine, dit Kobold ; il faudrait que je sois mort pour ne pas aller te porter des nouvelles.

La famille Miller mit le pied sur le pont.

« On ne passe plus, cria une sentinelle.

— Nous sommes Français ! » répondit le zouave.

Un instant les soldats badois eurent l'idée de retenir de force le zouave et ses enfants ; sur un signe du chef, on les laissa franchir le pont.

Mais à peine se trouvaient-ils sur la rive gauche qu'une horrible détonation se fit entendre, un nuage de fumée et de poussière s'éleva dans le ciel, une commotion souleva le sol, un fracas d'éboulement succéda au tonnerre de la mine qui venait de jouer, et quand se fut dissipé le rideau sombre formé par la poudre, par la fumée, par le sable et par les trombes d'eau jaillissantes, on aperçut le tablier tournant de la tête du pont construite sur la rive badoise, rejeté sur la berge, et à demi submergé dans le fleuve.

L'élégant massif du tronçon médian, rappelant par sa forme nos constructions gothiques, venait de crouler par la force de la commotion, et le fortin magnifique dressé sur la rive droite se lézardait et présageait une chute imminente. Si la culée même du pont ne se trouvait pas anéantie, c'est que la poudre n'avait pas produit tout l'effet qu'on en attendait.

Mâche-Balle et Louis détournèrent les yeux de cette scène de vandalisme.

« Ils nous barrent la route ! s'écria le zouave en désignant un groupe de Prussiens ; ne se rappellent-ils donc pas que le Français passe à travers l'eau, le feu, la mitraille ! Ils peuvent attendre, nous le leur reprendrons, le Rhin allemand, et je ne serai pas le dernier à le tenter. »

Louis serra la main de son père.

Quand les deux hommes se retrouvèrent dans la

ville, l'aspect qu'elle présentait ne ressemblait en rien à celui des semaines précédentes. Les maisons étaient vides, les rues regorgeaient de foule. Les fenêtres, les portails des monuments publics laissaient flotter des drapeaux aux couleurs nationales. On entendait de tous côtés s'élever, se répandre les chants belliqueux de la *Marseillaise*, des *Girondins*. Comme une réponse belliqueuse à l'explosion de mine au pont de Kehl, le *Rhin allemand* d'Alfred de Musset s'élevait en chœur. Un souffle d'enthousiasme passait sur la cité, l'âme de la vieille Alsace se réveillait. Strasbourg se souvenait des fastes de son histoire, et ses habitants juraient de lutter jusqu'au dernier.

Si les voix autorisées de la nation ne répétaient pas encore ce cri qui pénètre au plus profond du cœur : La patrie est en danger ! Strasbourg comprenait déjà que l'Alsace pouvait être investie. Sur la place de l'Hôtel-de-Ville des groupes se formaient. On parlait haut, on discutait les mesures urgentes. Quand des soldats passaient, on criait : Vive l'armée ! — A Berlin ! — Mort à la Prusse ! Les chapeaux s'agitaient en l'air, et les yeux se mouillaient de larmes.

Une fièvre indéfinissable, la fièvre de la bravoure, de l'abnégation, brûlait toutes les veines. Chaque homme tendait les mains et demandait des armes : au nom de L'AMOUR SACRÉ DE LA PATRIE, qui à cette heure n'était pas un vain mot, ni un couplet révolutionnaire, on criait de toutes parts :

« Enrôlons-nous ! »

En un instant une foule ardente de jeunes hommes se précipita dans la cour de l'Hôtel de ville. Tous se sentaient soldats, tous brûlaient de se porter sur les remparts et de défendre leurs murailles.

Mâche-Balle et son fils entrèrent ensemble.

« Quel régiment choisis-tu? demanda le père.

— Le vôtre ! répondit Louis fièrement.

— Bien ! Moi je crois de mon devoir de rester ici, afin de protéger Madeleine; mais toi, mon Louis, cours en avant, marche au feu le premier ; sois de toutes les batailles; reviens-moi homme, guerrier, héros ! mérite à ton tour cette croix d'honneur qui fait ma joie et mon orgueil. »

Mâche-Balle et Louis signèrent ensemble leur engagement.

Quand ils rentrèrent dans la boutique du porche, Madeleine pleurait dans les bras de Joviale ; en voyant Louis, la jeune fille se leva.

« Dis-moi, s'écria-t-elle en se jetant dans ses bras, dis-moi que tu ne veux pas partir, que tu resteras ici. Songes-y donc, si tu te fais soldat, tu pourras te trouver contre Johann mon fiancé, contre Wilhelm et Fritz mes frères, contre l'honnête Hans notre ami ! Tu ne feras pas cela, mon Louis, j'en mourrais de douleur. »

Le jeune homme pressa doucement Madeleine dans ses bras.

« C'est fait ! dit-il, mais je te jure de souffrir mille fois la mort plutôt que de la donner aux gens des Houblons.

— Oh ! la guerre ! la guerre ! dit Madeleine en fondant en larmes, l'horrible et cruelle chose ! Qu'est-ce que cela nous fait à nous les différends des princes ? Nous vivions si paisibles, nous allions être heureux, et il faut que le sang coule, qu'une, deux provinces soient détruites, supprimées, pour que l'ambition de l'un de ces hommes soit satisfaite. Je ne suis pas cruelle, Louis, mais, je te le jure, je voudrais que l'instigateur de cette guerre abominable eût à pleurer un jour sur le cadavre de ses propres enfants !

— Ma fille, dit Mâche-Balle, le chagrin t'égare. Dans quelques jours te retrouvant Française et fille de l'Alsace, tu comprendras que l'honneur du pays parle même avant l'honneur personnel. Ton frère a bien agi ! Loin de te laisser abattre, ma fille, loin de proférer des paroles propres à nous amollir, à diminuer notre enthousiasme, tu devrais le soutenir, l'encourager, le partager même.

— Moi ! j'encouragerais à répandre le sang ! fit Madeleine avec horreur.

— Non, mais à panser les blessures et consoler les mourants. Cette guerre ne doit pas laisser une seule âme indifférente, pas une maison close, pas un être inactif... Il y a ici du linge, tu feras de la charpie et des bandages, et, ne pouvant être soldat, tu deviendras infirmière. »

Le visage de Madeleine changea subitement d'expression.

« Eh bien ! oui, fit-elle, voilà ce que je souhaitais, sans pouvoir, sans savoir le formuler. Moi aussi, j'aurai ma tâche, et, croyez-le, père, je saurai m'en montrer digne !

— Joviale, dit le soldat, apporte ici une bouteille de vin blanc de la Moselle, je veux boire aux succès de la France. »

Une minute après, Friquet, le marchand de

jouets, et deux visiteurs trinquaient avec les Miller dans l'arrière-boutique.

De temps en temps passaient à travers la ville des troupes de jeunes gens, drapeaux en tête, chantant la *Marseillaise* avec un élan sublime, et défiant la Prusse de faire de l'Alsace une province annexée.

LA VILLE ASSIÉGÉE.

« Mon père, demanda Louis à la fin du repas, vous vous êtes battu souvent, mais dans les heures de repos, à la caserne comme au bivouac, vous aimiez à lire dans les livres : dites-nous donc en quelques mots l'histoire de notre ville...

— Mon enfant, répondit le zouave, ma mémoire faiblit, j'aime mieux parcourir une vieille brochure et te la résumer en causant. »

Mâche-Balle prit un livre imprimé sur papier grisâtre, et lut d'une façon un peu décousue :

Strasbourg occupait déjà un rang important dans les cités de la Gaule. Alors elle s'appelait *Argentoratum*, et une légion romaine y tenait garnison. On y fabriquait des armes renommées ; sa population active, commerçante, était heureuse et riche. Sa prospérité en fit plus d'une fois le but des invasions barbares, et des fortunes diverses tantôt les rejetèrent hors de ses murailles, et tantôt leur en ouvrirent les portes. Strasbourg fut brûlée par Attila, en vengeance de sa défaite dans les plaines de Châlons.

Quand les Francs envahirent la Gaule, *Argentoratum* sortit de ses ruines ; au sixième siècle elle devint le siége d'une résidence royale, et ses évêques, puissants autant que des princes, partagèrent presque la suzeraineté des rois d'Austrasie.

Lorsque les États de Charlemagne se divisèrent en deux parts, Strasbourg resta libre, mais sous la protection du saint-empire, et son histoire ressembla dès lors à celle de toutes les grandes cités du Rhin ; l'évêque y domina d'abord, puis les seigneurs, et les pouvoirs locaux y gardèrent mille fois plus d'influence que l'empereur d'Allemagne.

Au cinquième siècle, elle eut une voix à la diète, traita directement avec l'empereur et ouvrit des écoles suivies par la jeunesse des deux bords du Rhin.

Les Strasbourgeois, un moment entraînés par la réforme, se rendirent à Charles-Quint.

Strasbourg avait avec la France des attaches trop

vivaces depuis Clovis, qui jeta les fondements de sa merveilleuse cathédrale, pour ne pas être prête à rentrer dans le sein de sa mère patrie sitôt qu'elle en aurait la possibilité. Aussi, quand Louis XIV conquit l'Alsace, ne fut-il pas nécessaire de tirer un seul coup de fusil. — « Il n'y avait pas, dit un historien de cette époque, un seul homme sérieux en Europe qui ne s'attendît à la réunion de Strasbourg à la France. »

En effet, enclavée de tous côtés dans le territoire français, la république de Strasbourg était la seule partie de l'Alsace restée en dehors de notre domination. A moins de consentir à végéter dans son isolement, elle devait suivre la destinée de l'Alsace et devenir française.

Le baron de Monţelar, ne pensant pas en avoir cependant aussi vite raison que Louvois, et croyant que les négociations du ministre pouvaient rester insuffisantes, se disposa à faire parler le canon.

Il amena devant Strasbourg trente-huit bataillons d'infanterie, quatre-vingt-deux escadrons et soixante bouches à feu.

Une capitulation amicale, signée d'abord par les magistrats, le 30 septembre 1681, fut immédiatement ratifiée par la bourgeoisie. L'ancienne république devint française sans qu'il fût besoin d'employer la force.

Les troupes y entrèrent entre deux haies de curieux sympathiques, et le même jour Louvois écrivait à Le Tellier : « Tout est aussi tranquille que s'il y avait dix ans que les troupes du roi y fussent. »

Strasbourg, devenue ville française et capitale de l'Alsace, ne se trouvait point suffisamment défendue par des fortifications mal faites, « œuvres de bourgeois. » Vauban accourut afin de les compléter, et Louvois, d'après l'avis de Vauban, écrivait huit jours après à Louis XIV : « Votre Majesté peut compter, quand la citadelle sera faite, qu'il n'y a point de puissance dans l'Europe qui soit en état d'ôter de force ce poste-ci à Votre Majesté. »

Un mois après cette pacifique conquête, le roi, la reine, les princes et les princesses du sang faisaient à Strasbourg une triomphale entrée.

Seize ans plus tard, le traité de Ryswick consacrait solennellement cette province dans les mains de la France, et jamais depuis elle ne nous fut disputée. Jamais durant nos guerres à travers l'Europe, jamais pendant nos vicissitudes de victoires et de défaites, aucun ennemi n'avait osé entamer ses remparts.

Elle semblait inexpugnable, protégée à la fois par sa situation et par ses fortifications admirables.

Elle semblait bénie par le clocher de sa merveilleuse cathédrale.

Enfin de grands noms illustrèrent sa légende militaire : Maurice de Saxe, Kléber, Kellermann.

La position de Strasbourg donnait à cette ville une extrême importance. Strasbourg assure la possession de l'Alsace et la garde des rives du Rhin. Elle est la grande place de guerre destinée à faire face à toute armée d'Allemagne. Quand Vauban fut chargé par Louis XIV de mettre l'Alsace à l'abri de toute surprise, il établit l'admirable défense de la France vers l'est, en garnissant la rive du Rhin d'une série de forts, de places, de citadelles, derrière lesquels elle se trouvait en sûreté.

Au sud, vers la Suisse, se dressait Huningue, démantelée à la suite des traités de 1815.

Au nord, Wissembourg avec ses lignes, puis Haguenau. Au centre, Strasbourg.

De Strasbourg à l'extrémité du Bas-Rhin, aux lignes de Wissembourg, il y a 68 kilomètres ; de

Strasbourg à la frontière, vers Bâle et Saint-Louis, 139 kilomètres.

Strasbourg couvre le Rhin ; au point de vue stratégique, c'est son unique raison d'être, car elle a le malheur de se trouver dans une plaine mal défendue par sa position. Si elle était à la place de Saverne, dominant une colline, les pentes des Vosges la protégeraient ; mais relativement elle se trouve dans un fond.

Située à 4 kilomètres du Rhin, Strasbourg a ses fossés remplis des eaux de l'Ill, un des affluents du Rhin ; un canal le met en communication directe avec le fleuve. Vauban fit construire une écluse au point où l'Ill entre dans Strasbourg. Cette écluse fermée, les eaux refluent dans les fossés des remparts, et la ville se trouve ainsi défendue par les eaux. Ces sortes de protections avaient autrefois beaucoup plus d'importance qu'aujourd'hui.

La vraie défense de Strasbourg ne consiste donc point dans les bras de l'Ill, mais dans son système de fortification. Elle est défendue par une enceinte fortifiée et par une citadelle. La ville forme un triangle, dont la base est parallèle aux Vosges et dont la pointe se tourne vers le Rhin. La base est couverte par un front développé avec deux bastions en saillie, et deux forts aux extrémités : au nord, le fort des Pierres ; au sud, le fort Blanc. Le chemin de fer pénètre par une porte étroite dans cette partie des fortifications ; non loin s'ouvre la porte de Saverne, défendue par des ouvrages extérieurs.

A la pointe du triangle, au midi, s'élève la citadelle. Construite de 1682 à 1685 sur les plans et sous la direction de Vauban, elle forme un pentagone présentant cinq bastions et cinq demi-lunes.

Mâche-Balle ferma brusquement la brochure.

« C'est pas tout çà ! fit-il, Strasbourg a plus de cœur pour la défense qu'elle ne compte de pierres à sa citadelle. Je ne sais pas si nous vaincrons, mais je suis sûr que notre patriotisme ne faillira pas ! »

Le vieux zouave disait vrai.

La haine contre la Prusse, mille fois plus vivace encore en Alsace que dans le cœur de la France, ne pouvait manquer d'accomplir des prodiges quand sonna l'heure où la ville devait se lever tout entière.

Après la déclaration de guerre, après la manifestation hostile des Prussiens faisant sauter le pont de

Kehl, le maire de Strasbourg convoqua les hommes valides, afin de former la garde nationale sédentaire. Par centaines, par milliers ils accoururent; l'enthousiasme n'étouffait pas chez eux la réflexion. Ils raisonnaient sans passion les difficultés de l'entreprise, mais l'amour du pays communiquait à leur âme une indomptable énergie.

« Si l'Alsace est égorgée par l'ennemi, disaient-ils, nous défendrons notre cité comme l'ont fait nos pères. Grâce à eux, jamais les alliés ne sont entrés dans Strasbourg, et c'est à leur héroïsme que nous devons d'être Français aujourd'hui. S'il y a victoire, et nous l'espérons, tandis que l'armée active courra sur Berlin, nos mobiles prendront garnison dans les provinces rhénanes.

Mâche-Balle, un des premiers engagés, se multipliait, s'occupant activement de la formation de la garde nationale ; il passait ses journées à enseigner la manœuvre aux jeunes gens.

Le soir, après le repas en famille, il embrassait Madeleine et sortait avec Louis. Tous deux se rendaient alors sur la place publique, où se trouvaient des amis nouvellement engagés, de chauds patriotes, de braves volontaires. Parfois on entrait au café non pour s'y griser, mais pour y évoquer le souvenir des guerres du premier empire, s'encourager à la lutte présente, en rappelant les infamies commises par les Prussiens lors de l'invasion en France.

Le langage pittoresque de Mâche-Balle arrivait parfois jusqu'à l'éloquence. Il racontait l'accueil fait par les villes aux régiments vainqueurs qui les traversaient au retour de la guerre.

« Non, disait-il, vous ne vous figurerez jamais, avant de l'avoir senti, ce que c'est que le retour dans la patrie après une longue et périlleuse campagne. La foule dans les rues, les garnisons l'arme au bras, les femmes aux fenêtres, les fleurs couvrant le pavé, les bravos, les cris de joie saluant notre passage... et nous, entre deux haies d'étrangers, de curieux devenus des amis, défilant en haillons, pieds nus, la tête entourée de sanglants bandages, le bras en écharpe, bronzés, mutilés, balafrés, horribles, fiers et beaux pourtant ! Il est bien question d'uniforme alors, et d'armes astiquées ! vraiment oui, les sabres sont rouillés dans le sang ennemi, les baïonnettes faussées ; on est couvert d'habits étranges, bariolés, et nul n'y songe ! Puis au milieu du régiment qui passe on voit flotter, au bout d'une hampe brisée, rougie, brunie par des taches sombres, un lambeau troué, déchiqueté, sur lequel on lit à peine le nom des précédentes victoires : c'est le drapeau ! Alors on se découvre, on salue : la gloire de la France passe ! l'âme de la patrie est là, dans ce haillon sublime, maculé, brûlé, qui, lui aussi, attend sa croix d'honneur comme la poitrine des braves ! Pour lui les hommes luttent comme des lions. On se le passe de main en main, héritage héroïque et souvent mortel ; on lui creuse une fosse comme à un mort, plutôt que de le livrer : le drapeau pris, le régiment n'a plus d'honneur ! Vous verrez cela, vous le sentirez tous, jeunes gens, comme l'ont éprouvé les vieilles moustaches des anciennes guerres, et quand cet élan qui nous porta jadis vous jettera sur les hordes ennemies, votre premier soin, votre première sollicitude sera pour cette pièce de soie aux trois couleurs dont on doit se faire un linceul avant de permettre à l'ennemi de s'en faire un trophée ! »

Quand Mâche-Balle parlait ainsi, les jeunes volontaires levaient la tête, leur cœur battait dans leur poitrine ; il n'en était pas un qui ne se trouvât prêt à multiplier les prodiges de valeur pour défendre son aigle, pas un qui ne se fît le serment d'en ravir une à l'ennemi.

Toujours à côté de son père, s'imprégnant pour ainsi dire de cette bravoure, Louis se préparait à la lutte avec le calme d'un vétéran et avec l'héroïsme d'un volontaire.

Malgré son affection pour Mâche-Balle, il attendait avec impatience le moment du départ. Il brûlait de se mesurer avec l'ennemi et d'écrire son nom parmi ceux des héros de la première heure.

Il ne resta pas longtemps dans l'incertitude. Son corps rejoignait les troupes de Mac-Mahon.

Madeleine pleura, Madeleine était femme.

Puis, se haussant pour arriver à l'oreille de son frère, elle lui dit tout bas :

« Souviens-toi de ta parole : sauve Johann ; sauve Fritz et Wilhelm, si le malheur de la guerre les pousse devant toi.

— Sois tranquille ! dit Louis doucement.

— Adieu ! adieu ! fit Madeleine, chaque jour j'irai dans notre cathédrale prier pour toi.

— Oui, adieu ! répéta Louis gravement ; à cette heure nous remplissons un devoir sacré ; beaucoup succomberont en travaillant à cette tâche glorieuse.

— Pour ceux-là ayez autant de prières et de pleurs devant Dieu que vous tresserez de couronnes pour les vainqueurs...... »

La famille Miller se trouvait alors réunie sous le porche. En ce moment passa une troupe d'enrôlés, précédée d'un drapeau, et chantant avec une mâle énergie :

> Mourir pour la patrie,
> C'est le sort le plus beau !

Alors les deux soldats s'étreignirent les mains.

Le vieux zouave attira son fils sur sa poitrine.

« Pars, dit-il, pars avec la bénédiction de ton père.

— Et celle de Dieu, ajouta Joviale en mettant dans la main du soldat un pauvre petit crucifix de cuivre.

— Adieu ! adieu ! » répéta Louis, que l'émotion étranglait. D'un bond il se trouva dans la rue et on ne le revit plus.

Mâche-Balle sortit, Joviale et Madeleine rentrèrent.

« Ma fille, dit la brave femme, j'ai fait la visite des armoires, voilà tout le vieux linge qu'elles renferment ; nous allons rouler des bandes et faire de la charpie ! Je le sais bien, plus d'une fois nos larmes tomberont sur cette besogne, mais elle est destinée au soulagement de ceux qui vont tomber là-bas, et nous devons trouver du courage pour tous les labeurs dans un semblable péril. »

Madeleine et Joviale travaillèrent une partie de la nuit.

Pendant qu'elle serrait la corbeille renfermant les bandes, Madeleine demanda :

« Croyez-vous que l'on mette le siége devant Strasbourg ?

— Je le pense.

— Alors mon père... ?

— Courra aux remparts comme un brave..

— Et nous, ajouta Madeleine, resterons-nous ici?

— Ma fille, de l'heure où la ville se trouvera investie, nous fermerons les volets de la boutique, et nous courrons près des glacis relever, soigner, panser les blessés, puis nous en amènerons chez nous tant que la maison en pourra contenir.

« Je ne suis guère instruite ; j'ai souvent lu des livres et des journaux dans lesquels il est question du droit des femmes ; eh bien ! le vrai droit des femmes, le voilà : quand l'arme de l'ennemi fait une blessure, la femme doit être là pour la panser... partout où l'on souffre, sa place est marquée. Sous l'habit de vivandière, la robe de la sœur de Charité ou le costume de la femme du peuple agissant par son initiative personnelle, elle peut s'immoler même au milieu des batailles. On nous laisse le droit au brassard blanc de salut et de pitié, soyons-en fières, ma fille ! la femme qui dans toute sa vie aura eu l'honneur de sauver un blessé de notre héroïque armée aura payé sa dette au pays.

— Vous êtes plus forte que moi, répondit Madeleine, et devant vous je rougis de mes larmes.

— N'en rougis point, ma fille, car de ce moment te voilà ma vraie fille ! Tu es une enfant modeste, douce, craintive ; les vertus que tu pouvais montrer dans ta sphère, tu les as largement pratiquées. Ton père se voue à la défense de la ville, ton frère marche à l'ennemi, tu trembles et tu t'effraies, Madeleine ; mais moi, j'ai vu passer deux révolutions, j'ai entendu raconter d'autres faits d'armes, j'ai connu des gens ayant subi ces horreurs de la première invasion. Plus que cela, ma fille, j'ai souffert dans la vie, et la douleur m'a fortifiée pour l'avenir. Tes larmes ne t'énervent pas. Je suis sûre de te trouver au moins aussi courageuse que moi quand le moment sera venu de prouver combien Dieu plaça haut ton cœur d'enfant. Madeleine, à cette heure, nous pouvons verser sans honte ces larmes de l'adieu ; demain nous aurons le droit d'invoquer le Ciel pour ceux qui partent ; dans deux jours nous nous tiendrons prêtes à ensevelir ceux qui meurent!.. »

Madeleine s'essuya les yeux ; son visage se transfigura ; la fille du soldat l'emportait à cette heure sur l'enfant impressionnable et craintive.

Mâche-Balle rentra tard. Il semblait radieux.

« Ah ! l'Alsace, disait-il, la noble Alsace, jamais elle ne faiblira devant l'ennemi. Elle se lève comme un seul homme et part en chantant. Si les Prussiens s'imaginent avoir affaire à de futurs annexés, ils le verront dans quelques jours. Nous parlons leur langue, soit ! mais ce sera pour leur jurer qu'ils ne prendront pas vivant un seul de nous, et que tant qu'il restera une cartouche, on la mettra dans le canon d'un fusil ; tant qu'il y aura une pierre dans la ville, elle servira pour les écraser... »

Deux jours se passèrent pendant lesquels la défense de Strasbourg fut complétement organisée. Les approvisionnements se faisaient de façon à parer à toutes les éventualités d'un siége ; des avant-gardes surveillaient la frontière du côté de Wissembourg et de Lauterbourg. En ce moment l'ennemi se massait vers Landau, Germersheim et Mayence, tout en restant en communication avec Rastadt. C'était donc vers l'extrémité est et la Bavière Rhénane qu'ils concentraient leurs forces. En outre, on croyait qu'un corps considérable se massait en seconde ligne au delà de la forêt Noire. A Strasbourg on restait plein de confiance.

Le nom de Mac-Mahon paraissait être le palladium de l'Alsace. On ne se reposait pas autant sur le maréchal Le Bœuf ; mais jusqu'à cette heure on le regardait comme un brave soldat, et nul n'osait mettre en doute ses capacités de capitaine.

Tant de fois on avait chiffré le nombre de nos soldats et fait défiler sur le papier nos divisions puissamment armées, doublées au besoin par les troupes en réserve, que l'Alsace ne songeait nullement à s'inquiéter de la véracité des faits, et ne se demandait pas si réellement un chiffre représentait un homme.

La place attendait, confiante dans ses remparts, et surtout dans ses soldats, le commencement des hostilités.

Quand on apprit que la fusillade commençait à Saarbruck, ce fut une fête. Il appartenait à la France de poser la première le pied sur le sol ennemi et de tirer la première le glaive contre la

Prusse. La joie se changea en une sorte d'ivresse quand le succès, couronnant notre audace, nous rendit maîtres d'une position avantageuse et nous laissa le champ de bataille conquis... Hélas ! ce premier jour aussi bon nombre des nôtres tombèrent pour ne plus se relever. Il faut bien l'avouer, le triomphe ne permet à l'âme dans le premier moment que de s'ouvrir à un sentiment d'orgueil. La patrie l'emporte sur la famille. On est encore brûlant du souffle de la bataille, on ne songe pas encore à ceux dont le cœur se refroidit lentement ; plus tard, quand la lassitude se fait, quand on parcourt le théâtre de la lutte, l'esprit, frappé d'horreur, ne peut supporter l'idée de ces meurtres en masses, de ces chocs de nations civilisées qui se hachent comme des sauvages, de ces hommes qui sans pitié trouent de toutes armes la poitrine de leurs frères.

La victoire de Saarbruck doubla l'enthousiasme des Strasbourgeois. Bientôt cependant ils comprirent qu'ils avaient non-seulement à craindre les efforts apparents de l'ennemi, mais encore à les deviner et à les châtier sous toutes les formes. La Prusse ne se contente pas d'avoir des armées de soldats, elle soudoie des nuées d'espions. Habiles et hardis,

9.

ayant vendu leur vie et fait marché de leur honneur, — car même dans leur patrie on ne les saurait estimer, — les espions prussiens, semblables à Protée, prennent toutes les formes et s'attachent tous les masques au visage. Ils sont partout, sur toutes les routes, dans toutes les villes. Ils se mêlent à l'état-major avec une audace inouïe, se travestissent de mille manières et réussissent le plus souvent dans leurs missions périlleuses. Il faut se méfier du bouvier qui traverse le chemin, du garçon de café qui vous sert un verre de bière, peut-être du gendarme qui paraît surveiller la route. Épiant, guettant, écoutant, prenant des notes avec habileté, exactitude, ils copient nos plans, étudient nos forces et adressent jour par jour à l'ennemi des renseignements plus dangereux que nos luttes même inégales.

Un soir, dans Strasbourg, l'arrestation de vingt espions causa un mouvement de rage inouïe.

Vingt femmes portant un costume religieux se présentèrent à la porte de l'hospice et demandèrent la supérieure.

Quand on les eut introduites, l'une d'elles raconta qu'appartenant à un ordre religieux catholique, et craignant que l'armée prussienne, calviniste pour la plupart, ne ruinât leur couvent et ne leur causât toute sorte de dols, elles venaient implorer la charité de leurs sœurs et se mettre à leur disposition pour soigner les blessés sur les champs de bataille ou dans l'intérieur de la ville.

La religieuse qui conduisait le troupeau de nonnains gardait modestement un voile épais baissé sur son visage ; ses paroles étaient pleines d'onction ; le son de la voix était seul en désaccord avec la douceur des mots. Puis ces prétendues sœurs étaient de bien haute taille. Quelle apparence cependant que des espions osassent se couvrir de pareils habits? La supérieure fit entrer les étrangères avec une bonté qui n'était point exempte de méfiance, ordonna de leur servir une réfection, puis appelant le jardinier :

« Amenez ici quelques soldats, dit-elle, que tout se passe sans bruit, je puis encore me tromper. »

Quelques minutes après, la police faisait sans bruit invasion dans le réfectoire.

Au moment où les soldats arrêtaient les prétendues religieuses, celle qui leur avait servi de guide essaya de se servir d'un revolver.

Mâche-Balle qui se trouvait là lui prit le poignet :

« Sois tranquille, dit-il, si tu veux une balle dans la tête, nous avons coutume de fusiller les espions dans les fossés des fortifications. »

Comme compensation à ces trahisons chaque jour multipliées, la ville sentait doubler son patriotisme de l'ardeur des soldats qui la traversaient pour aller ensuite en Lorraine. Les turcos y produisirent un indescriptible effet. Ceux qui restèrent provisoirement à Strasbourg campèrent sur les glacis à l'africaine. La population courait de ce côté, portant du vin, de l'eau-de-vie, des cigares. Les officiers souriaient, en se plaignant que l'on gâtât leurs hommes. Les libations se prolongeaient bien un peu, et les enfants du prophète prenaient goût au vin du Rhin et à la bière d'Alsace; mais hélas! combien depuis sont tombés morts dans la plaine sanglante! combien qui jamais ne porteront plus à leurs lèvres le verre plein d'une boisson nourrissante, la gourde garnie d'une liqueur fortifiante!

Quand on les regardait, ces enfants de l'Afrique, bronzés comme les noirs, l'œil intelligent et doux; quand on les entendait parler cette langue étrange faite de toutes les langues et prononcée avec la douceur des idiomes d'Orient; quand on les voyait soigner, fourbir leurs armes, et leur parler comme à des amis, la confiance, l'admiration, l'attendrissement s'emparaient de tous.

« Si des soldats doivent vaincre la Prusse, disait-on, ce sont ces soldats-là ! »

Hélas ! si des soldats devaient tomber en héros, c'étaient ceux-là aussi !

Cependant l'investissement de Strasbourg paraissait imminent au général Uhrich, comme à l'armée, comme à la population. Les Prussiens ne pouvaient jamais se regarder comme maîtres de l'Alsace avant d'avoir Strasbourg, et la prise de l'Alsace et de la Lorraine était le motif inavoué d'abord, déclaré ensuite, de la guerre qu'ils faisaient à la France. Strasbourg veillait, l'arme au poing, debout sur ses remparts. Cependant les communications avec les routes n'étaient point coupées ; les voitures, les piétons entraient librement dans la ville. On se tenait prêt, on ne redoutait rien.

Mais la Prusse ne compte pas seulement des soldats et des espions, elle ne sacrifie pas seulement des masses énormes au profit de son orgueil, elle lance sur toutes les routes, sans souci de leur vie, en les regardant d'avance comme des victimes, des uhlans, lanciers d'aventure, enfants perdus de l'armée, chargés de courir en avant, d'effrayer la population, de la préparer à l'arrivée de l'ennemi, parfois de lever les premiers des contributions de guerre. Le uhlan est sur toutes les voies, frappe à toutes les portes, entre dans toutes les villes; il trouverait le moyen de passer par une meurtrière. Sur vingt-cinq uhlans envoyés en reconnaissance, il n'en retourne pas deux vers le chef qui leur donna des ordres; mais il suffit que ces deux-là fournissent le renseignement attendu. Le uhlan possède une audace froide, il agit le plus souvent avec une cruauté inouïe. On pourrait citer depuis le commencement de cette vieille guerre, qui dure depuis un mois à peine, des actes effroyables commis avec un raffinement d'odieuse barbarie.

Quand le uhlan paraît, l'armée est proche. Il ressemble à ce petit poisson appelé *pilote* qui précède à peu de distance le requin vorace.

Le 8 août, vers six heures du soir environ, une foule assez nombreuse se trouvait groupée près de la porte des Pierres. Voitures et piétons voulaient rentrer dans l'enceinte de la ville. Il y avait là des gens de la campagne conduisant des charrettes pleines de denrées, des voitures de blé, des cavaliers, des femmes, des enfants.

Tout à coup un galop de chevaux retentit sur la

route, du côté de Shiltighein, et un peloton de vingt-cinq hommes courant au galop se précipite vers les groupes de Strasbourgeois. La peur s'empare des pauvres gens ; ils poussent des cris de frayeur, se sauvent dans toutes les directions, escaladant les glacis afin de gagner la ville par une autre porte.

La porte des Pierres ne s'ouvre pas ; un des jeunes gens, irrité de voir de si près l'ennemi, prend une pierre et va la lancer sur un des Prussiens, quand par prudence on arrête son bras.

Deux cavaliers se détachent du peloton, s'avancent vers la sentinelle placée au-dessus de la porte et lui disent qu'ils ont mission de parler au commandant. Celui-ci, qui inspectait en ce moment les remparts, se rend à la poterne accompagné d'un officier d'ordonnance et s'avance vers les deux cavaliers. Ceux-ci lui annoncent qu'ils précèdent un corps d'armée de 40,000 hommes chargé d'investir Strasbourg, et lui déclarent, en vertu de leurs pouvoirs de parlementaires, qu'ils somment la place de se rendre.

« Monsieur, répondit le commandant de place, votre démarche n'ayant aucun caractère d'authenticité et n'étant faite ni dans les formes ni dans les termes voulus par les usages de la guerre, je ne saurais vous donner de réponse catégorique.

— Eh bien ! répliqua l'un des officiers, si dans les vingt-quatre heures la place ne s'est pas rendue, elle peut s'attendre à voir commencer au premier moment les opérations de siége.

— Nous sommes prêts, Monsieur, » répondit le commandant.

Deux jours après, l'orgueilleux *ultimatum* de la Prusse sommait Strasbourg de se rendre, et le général Uhrich répondait :

« Strasbourg se défendra tant qu'il y restera un soldat, une cartouche et un biscuit. »

Il est dans les usages de la guerre, quand une place forte se trouve menacée, de donner trois jours entre la mesure définitive et son exécution pour permettre aux femmes, aux enfants, aux vieillards, à tous les gens non valides, d'évacuer la place, ainsi qu'à tous ceux qui ne pourraient prouver avoir chez eux une quantité suffisante de vivres pour subsister pendant la durée probable du siége. On vit bientôt passer de lugubres cortéges de femmes, d'enfants, traînant dans des charrettes à bras leur pauvre mobilier, ou portant dans des paquets leur petite fortune. Beaucoup pleuraient, ne sachant de quel côté diriger leurs pas, ni où ils coucheraient la nuit suivante.

Mâche-Balle ne demanda pas même à sa fille si elle songeait à quitter la ville. Il connaissait trop bien son patriotisme et son courage.

Joviale, soigneuse et prévoyante, venait d'amener dans le grenier et dans la cave des provisions pour six mois.

« Allons, disait-elle, ni la farine ni les jambons ne manqueront ici, grâce à Dieu, et si un plus malheureux que nous frappe à la porte, nous pourrons encore le nourrir. »

Le 12 août, les troupes prussiennes se massaient autour de la ville. L'artillerie rangeait ses canons, et leurs gueules de bronze se tenaient prêtes à vomir leurs boulets et leur mitraille. La garnison se composait de onze mille soldats, sans compter les gardes nationaux, accoutumés, comme tous les hommes de frontière, au maniement des armes, et sur lesquels la ville pouvait compter autant que sur une seconde garnison. Strasbourg, au moment de son investissement, se trouvait pourvue de vivres, de munitions et d'artillerie. Ses magasins à poudre étaient blindés, ainsi que les hôpitaux et tous les édifices utiles à la défense. Ses approvisionnements lui permettaient de tenir plusieurs mois, avant d'être prise par la famine, en supposant qu'elle ne fût ni secourue ni ravitaillée pendant la campagne.

Aussi la confiance était-elle complète dans la garnison, et les soldats attendaient-ils avec moins de crainte que d'impatience le premier coup de canon prussien.

Il ne se fit pas entendre. L'ennemi massa ses forces autour de la ville; les hommes coururent aux remparts avec un admirable élan, et le double feu de la ville et de la forteresse répondit d'une façon victorieuse à l'agression des soldats de Guillaume.

Mâche-Balle était sur les remparts au moment où s'ouvrit le feu. Joviale et Madeleine, restées dans la boutique du porche, tombèrent à genoux au premier roulement de l'artillerie. Cependant c'était bien moins la terreur qu'un profond sentiment religieux qui les courbait ainsi devant Dieu, à l'heure où sonnait l'appel suprême de la patrie et où s'organisait, au travers du feu et de la mitraille, la défense nationale. Un instant après Joviale et Madeleine étaient debout. Joviale ouvrit l'armoire, remplit un panier de bandages de toile, de charpie, de tous les menus objets pouvant servir tout d'abord au pansement des blessés, puis saisissant le bras de Madeleine : « Viens, ma fille, dit-elle, ton père se bat. »

Madeleine, le front haut, suivit sa vaillante amie.

En arrivant sur les remparts, enveloppées de bruit, de fumée, suffoquées par l'odeur de la poudre, elles eurent peine d'abord à s'accoutumer à cette atmosphère étrange, épaisse, terrible.

On se battait avec un courage inouï, et les projectiles ennemis n'entamaient pas la forte cuirasse de Strasbourg. On entendait de tous côtés des cris de joie, des appels, des ordres ; les canonniers parlaient à leurs pièces comme à des êtres doués de raison. Ils les encourageaient dans leur sanglante besogne. Les canons rayés envoyaient leurs boulets, dont le tournoiement rapide faisait une large trouée pour rebondir ensuite d'une façon terrible ; les boulets creux éclataient formant d'énormes et terribles mitrailles. La mort, empruntant tous les aspects, se donnait de mille manières. On voyait l'ennemi tomber par longues files d'hommes, puis au loin, tout au loin, c'étaient les obus semant le ravage et l'incendie.

Tout à coup un cri s'éleva :

« Kehl est en flammes ! »

Madeleine se porte en avant, cherche dans la direction de la petite ville, et voit au loin flamboyer la gare, les magasins, les maisons. Alors l'expression d'une horrible douleur passa sur son visage, et, défaillante, elle répéta :

« Les *Houblons* s'abîmeront dans le désastre.... Gottlieb... Jutta ! mon Dieu ! mon Dieu ! »

VII

LES PROSCRITS DE LA GUERRE.

Le soleil brûlait la terre crevassée ; les rares bestiaux épars dans les champs cherchaient en vain un ruisseau, une fontaine, une mare ; la chaleur torride de l'été avait tout absorbé ; le mufle à terre, les bêtes altérées demandaient une fraîcheur introuvable, même à l'ombre des arbres.

Penchées vers les sillons noirâtres, des sacs et des paniers à côté d'elles, Roschen et Jutta ramassaient les pommes de terre mises à découvert par la pioche de Kobold. Le visage du nain ruisselait de sueur, ses yeux rouges et gonflés trahissaient la fatigue des veilles ; de temps à autre il s'arrêtait épuisé, les mains appuyées sur son outil, prêt à défaillir ; puis soudain, regardant les deux femmes, brisées elles aussi par un labeur forcé, il rappelait son énergie pour suppléer à la vigueur de ses muscles, et la pioche creusait le sol, montrant les tubercules jaunes, à la peau fine et mince.

Roschen se releva une minute, et désignant à Jutta la récolte de pommes de terre :

« Elles ne se garderont pas, dit-elle, nous les recueillons avant leur maturité.

— Je le sais bien! répondit Jutta ; mais, dans la situation où nous sommes, mieux vaut encore les ramasser que d'attendre la fin de septembre... Vous demandez-vous, Roschen, ce que nous serons au mois de septembre ? »

La jeune femme frissonna.

« Si je n'avais pas d'enfants, dit-elle, je souhaiterais que ce champ cachât ma sépulture ! Hans, mon pauvre Hans, si bon, si doux, si brave !... On dit que l'armée du roi Guillaume place en avant les gens de Bade, de Bavière et de Wurtemberg ! oh ! Seigneur Dieu, l'horrible guerre ! On versera autant de larmes que de sang ; bien des générations passeront avant que soient calmées nos douleurs d'aujourd'hui.

— Vos blonds enfants... restent pour vous consoler, si quelque grand malheur arrive.. Mais moi ! moi ! où sont mes trois fils ! trois, entendez-vous !

Et ces deux jumeaux resteront peut-être dans la plaine... Que deviendrai-je si on m'écrit simplement : Vos fils faisant partie de tel régiment sont morts tel jour ?... »

Kobold entendit ces mots et devint horriblement pâle. Jutta s'aperçut de son émotion et se reprocha sans doute de le mettre toujours en dehors du cercle de la famille, en dépit des services et du dévouement dont il ne cessait de donner des preuves, car elle attira le bossu vers elle :

« Pardonne-moi, dit-elle.

— Ah ! s'écria Kobold, ce mot efface tout. »

Le jour baissa ; les paniers étaient pleins, les sacs gonflés. On en lia deux sur le dos du poulain, les femmes prirent les corbeilles, et, le front plié sous le fardeau, elles gagnèrent péniblement le chemin de la maison. Deux fois elles recommencèrent le fatigant trajet.

La nuit descendit, on fut obligé de remettre le travail au lendemain. On soupa de pain noir et de fromage. Gottlieb tenta de rassurer les femmes. Quelques paysans le vinrent trouver et lui demandèrent conseil sur la conduite à tenir.

« Mes amis, répondit le bourgmestre, nous sommes au bord du Rhin, voisins de la ville de Kehl, et confinant Kehl village. L'armée allemande, sans nous vouloir de mal, nous en causera en traversant notre pays, et nous nous trouvons si proches de Strasbourg, que le jour où l'on fera le siége, nous serons victimes du bombardement. Rentrez donc vos récoltes, mettez de côté vos effets les plus précieux et tenez-vous prêts à subir la grande épreuve. »

Quelques paysans suivirent le conseil de Gottlieb; la plupart pensèrent qu'ils auraient toujours le temps d'en venir à cette ressource extrême.

Deux jours se passèrent dans des alternatives de crainte et d'espérance.

A la fin de la semaine une armée traversa le pays et s'arrêta devant Strasbourg.

Les soldats, les chariots, l'artillerie de siége encombraient les routes. Les paysans badois regardaient défiler le lugubre cortége avec une terreur profonde des événements qui devaient suivre. La misère augmentait. Plus de commerce, car le commerce se faisait avec l'Alsace ; plus d'argent, et les maigres denrées qui restaient pouvaient d'un jour à l'autre être la proie de l'ennemi.

Il faut dire cependant que, du côté des Badois,

la confiance était grande dans la force des armes prussiennes.

Gottlieb ne partageait point la tranquillité de la plupart de ses administrés. Il raisonnait davantage. Plus instruit que ses voisins, et se souvenant des grandes guerres de 1792, il s'épouvantait du choc de deux nations dont l'une s'appuyait sur un chiffre formidable de soldats, l'autre sur sa grandeur intellectuelle et morale doublée d'un sentiment de patriotisme capable de tous les sacrifices.

Un soir on entendit de Kehl les sourds grondements du canon.

Le siége de Strasbourg commençait.

Le village entier resta debout, observant l'horrible travail des batteries, écoutant haletant les réponses terribles de la forteresse.

Le lendemain le courage manqua pour aller aux champs. La population se massa dans les prés; les plus osés se hasardèrent sur les rives du Rhin. L'angoisse gagnait toutes les âmes. Les Badois de Kehl, alliés et voisins des Strasbourgeois, ne pouvaient s'accoutumer à les regarder comme des ennemis. Il leur semblait qu'on massacrait leurs frères. Vers la fin du jour la voix du canon se tut des deux côtés. Accablés de fatigue, les paysans essayèrent de goûter un peu de repos. Mais, au milieu de la nuit, une détonation, suivie d'un long cri de douleur, se fit entendre dans la maison d'une veuve chargée de famille. L'appel désespéré des enfants et de la femme réveilla les voisins les plus proches, et leurs yeux furent immédiatement frappés d'une sinistre lueur.

La maison brûlait.

On crut d'abord à une imprudence, mais presque immédiatement des sifflements d'obus suivis de flammes révélèrent la cause véritable du sinistre : Kehl était bombardé... Trois maisons flambaient, et plus loin la petite ville apparaissait comme une vaste fournaise. Il ne restait plus de salut que dans la fuite. On criait, on s'appelait, on commandait ; les chevaux et les bœufs hennissaient et mugissaient dans les étables. On se hâtait de les faire sortir des bâtiments, sur lesquels à toute minute pouvaient pleuvoir des projectiles. On interrogeait l'horizon avec angoisse ; chaque fois qu'une lueur menaçante apparaissait, les femmes tombaient à genoux. Quelques-unes couraient affolées dans leur demeure, ouvrant les armoires, vidant sur le plancher ce qu'elles renfermaient, nouant des paquets à la hâte. Les hommes et les enfants un peu vigoureux attelaient les chariots. On y jetait pêle-mêle les couchettes, la vaisselle, les matelas, les habits, tous ces pauvres meubles, qui avaient vu heureux et souriants leurs possesseurs. Des malheureux s'attachaient au seuil de leurs portes, résolus à y attendre la mort. Il fallait tous les efforts de leurs proches, de leurs amis, pour les en détacher. Parmi les habitants du village, un grand nombre ne possédait aucun véhicule. Il fallait charger sur son dos tout ce qui paraissait nécessaire et transportable.

Les vieillards, les petits enfants ployaient sous le fardeau.

Dès qu'éclata la première bombe, Kobold courut au lit de son grand-père.

« La fuite seule nous sauvera, dit-il ; relevez le moral des femmes, grand-père, je vais sans rien dire m'occuper du départ. »

Tandis que le bossu attelait deux bœufs, les derniers, à la charrette à fourrages, Roschen accourait, ses enfants dans ses bras.

Elle se jeta devant Gottlieb.

« Est-ce que le Seigneur Dieu nous abandonne ? dit-elle. Faut-il que nous soyons réduits à cette misère ! Bientôt villes et villages seront pareils au creuset de l'enfer. Il me semble à chaque instant que la foudre des hommes va tomber sur ma demeure.

— Pauvre femme, répondit Gottlieb, nous ferons dans ce désastre comme la famille de Loth fuyant l'embrasement. Jamais je ne vous abandonnerai. Où nous irons, vous viendrez...

— Soyez béni pour cette charité, Gottlieb. Ce n'est pas ma maison que je regrette. Mais, hélas ! je me demande avec terreur si le feu que Hans et les siens dirigent contre la ville n'attire pas sur nous cette pluie meurtrière ? Et nos amis Mâche-Balle et Louis sont là, dans la ville assiégée, forcés de tirer sur nous, et songeant peut-être les larmes aux yeux aux gens des *Houblons*.

La charrette était prête. Deux hommes robustes entrèrent dans la chambre à la suite de Kobold. En un instant les gros meubles furent placés ; on rangea ensuite le linge, quelques bottes de paille préservèrent la vaisselle. Jutta renferma dans un sac le peu d'argent qui lui restait et ses bijoux.

Roschen et ses enfants s'installèrent dans le char sur des brassées de tiges de pois. Jutta prit place à côté. Gottlieb déclara qu'il marcherait tant que ses jambes ne lui refuseraient pas le service. Le vieux bourgmestre aveugle prit la tête de cette colonne d'exilés. Devant chaque maison du village se trouvaient des familles en larmes. Gottlieb s'adressa à quelques voisins:

« Nous ne serons pas absolument malheureux si nous restons unis, leur dit-il ; formons une tribu, et, pareils aux captifs des villes bibliques, allons pleurer sur les bords de nos fleuves. Nous camperons sous le ciel, en attendant qu'on relève nos maisons. De quoi vous servirait de vous laisser abattre ? Tout fléau tombe de la main de Dieu. La guerre nous chasse, allons où ne sévit pas encore la guerre. Quand nous reviendrons ici, la terre nous ouvrira de nouveau son sein fécond, et nous y sèmerons nos récoltes. »

Gottlieb apaisa un peu la douleur et l'effroi des pauvres gens, et en décida beaucoup à le suivre.

Le défilé commença.

C'était un sinistre tableau que celui de cette fuite d'une population entière. Les villageois laissaient en arrière Kehl en flammes, et à leur gauche Strasbourg s'illuminait par de sinistres incendies. Des deux côtés la ruine était la même.

Le ciel était sombre, l'horizon éclairait seul la terre de reflets sanglants. On marchait en désordre, malgré la bonne volonté de garder un rang aux charrettes et de laisser la chaussée aux piétons. De temps en temps un groupe de paysans s'arrêtait, cherchant du regard l'endroit où fumait sa demeure. Morne et désolé, il restait là comme pétrifié par la ruine et la douleur.

Roschen, assise dans un char près de Jutta, tenant ses enfants sur ses genoux, prêtait l'oreille à la consolante parole de Gottlieb.

Une forêt apparut sombre et fraîche comme un asile ménagé par le ciel.

Le soleil se leva radieux. On avait perdu de vue le village ; au milieu d'une nature vigoureuse et calme, on oubliait un peu les horreurs de la nuit.

Le canon des assiégeants faisait silence, et les oiseaux insoucieux chantaient sous le couvert des bois.

Gottlieb fit arrêter la caravane.

« Ici, mes enfants, dit-il, nous serons aussi bien que nous pouvons l'espérer. Le tronc des arbres servira de piquets pour nos tentes. Établissons-nous en ce lieu. Les hommes vont préparer la demeure de toile, y ranger le mieux possible les couchettes et les armoires. Pendant ce temps les femmes s'occuperont du repas que nous prendrons en commun. »

Immédiatement on s'empressa de décharger les charrettes. On posa à terre meubles, provisions et fourrages ; puis, comme faisaient jadis les nations guerrières qui, à l'aide de chariots, formaient des camps retranchés, on disposa les chars en cercle, de telle sorte qu'une espèce de muraille entourait la caravane. Les chevaux, les mulets, les ânes et le bétail attachés à des arbres ne tardèrent pas à brouter l'herbe recueillie par les enfants.

Ce premier travail terminé, ceux des hommes qui connaissaient un peu les outils de charpentier et de menuisier équarrirent des branches, en abattirent d'autres, et, à l'aide de bâches de voiture, de toiles d'emballage, voire même de pièces de toile neuve, on disposa des tentes. Les matelas jetés à terre formèrent une couche suffisante. Les ustensiles de cuisine furent fixés aux troncs des arbres. A l'époque où la Germanie avait des dieux guerriers, on liait aux géants des forêts les armures des braves. Cette fois il s'agissait de moins terribles offrandes, mais les malheureux campés dans le bois ne se sentaient pas plus sûrs de leur vie que les soldats d'Arminius.

Bien des fugitifs pauvres se trouvaient dans un dénûment absolu. Si quelques âmes s'ouvrirent à la charité, beaucoup sentirent la morsure de l'égoïsme. On supputait la quantité de vivres dont on pouvait disposer. On se demandait avec angoisse où il serait possible d'en trouver d'autres. Gottlieb usa de son influence pour obtenir que toutes les réserves constituassent un fonds commun ; comme il restait un des plus riches, il finit par l'emporter sur l'avis des avares, et la fraternité du malheur confondit en une seule famille les proscrits de la guerre.

La journée se passa presque paisiblement.

Seulement le soir les obus recommencèrent à pleuvoir sur la ville de Strasbourg. Pas une minute de repos entre les coups sourds de cette canonnade. A chaque instant les lueurs de l'incendie s'allumant dans quelque quartier frappaient les yeux des gens de Kehl. Eux qui souffraient en ce moment des suites terribles d'un bombardement n'avaient pas la férocité de se réjouir du malheur des Strasbourgeois.

Une seule voix s'éleva pour y applaudir.

Gottlieb répondit presque sévèrement :

« Les troupes prussiennes ont commencé par

envoyer des obus sur Strasbourg, et Strasbourg s'est vengé en nous envoyant des bombes; mais ce sont des représailles et non pas des actes de cruauté. Il faut savoir être juste au plus profond du malheur, même envers ses ennemis... et quels ennemis ! » ajouta l'aveugle.

Il se souvenait de la franchise de Louis, de la gaieté, de la bravoure de Mâche-Balle; il se rappelait la voix douce de Madeleine... Bien des noms revenaient à sa mémoire escortés par des souvenirs de jeunesse; que d'amis il comptait en Alsace! que de braves gens au delà du Rhin lui avaient tendu la main, sans protestations inutiles, mais avec un profond sentiment d'affection. N'avait-il pas dans un moment difficile trouvé l'aide et la bourse d'un Alsacien voisin des Miller? Ne se souvenait-il pas qu'un jour Johann enfant, étant tombé dans un ruisseau gonflé par les pluies, en avait été retiré par un mercier de Strasbourg? Pas un Badois ne pouvait haïr ces hommes probes, simples, hospitaliers, que le voisinage rendait frères; et les murmures des proscrits atteignaient bien plutôt le roi Guillaume que la France.

Jutta, le cœur soutenu par un grand orgueil, se montrait à la hauteur des souffrances du moment.

Elle traitait Roschen, que jadis elle regardait presque comme une servante, en commensale et en amie. La femme de Hans se multipliait près des jeunes mères de famille, ce fut elle qui installa dans sa propre tente la veuve de Hotto et ses six enfants. Une fois ces malheureux à l'abri, elle courut à la recherche de la paralytique et la casa également.

« Kobold, dit-elle au bossu, bien des gens ici perdent courage. Il appartient aux prétendus faibles de les soutenir de leur exemple et de leurs paroles. A nous deux, toi chétif et moi pauvre femme, nous ferons beaucoup de bien, s'il plaît à Dieu. »

Un jour se passa, puis un autre. Rien ne changeait du terrible spectacle offert aux yeux des proscrits. Chaque nuit Strasbourg flambait.

Mais en vain martyrisait-on la cité vaillante, elle répondait au canon par le canon, et aux sommations de se rendre par de nobles refus. Elle restait clouée à sa croix, attendant une armée libératrice; et dans ses murs se consommaient des ruines et se dévoilaient des épisodes qui arracheront des larmes aux futures générations de l'Alsace.

VIII

L'ESPIONNE.

De tous les individus se faisant un devoir ou un métier de suivre les armées belligérantes, il n'en était pas de plus remuant, de plus vif, de plus serviable que le cantinier d'un des régiments badois composant l'armée qui assiégeait Strasbourg. A quelque heure qu'on eût besoin de lui faire verser de l'eau-de-vie de Dantzig ou du kirchenwaser, on le trouvait son baril à la hanche, le gobelet en main. Matin et soir, sous la pluie et la neige, à travers le brouillard, il parcourait les lignes de tranchées, allait d'une tente à l'autre, se chargeait de transmettre un ordre avec la célérité d'une estafette, et servait volontiers d'intermédiaire entre les habitants des environs et l'armée.

Pour traîner sa voiture renfermant tous les réconfortants dont le soldat est avide, il avait un poulain noir comme la nuit, et dont la crinière emmêlée tombait sur ses yeux pareils à des charbons. La bête semblait sortir des sabbats, le maître paraissait prêt à s'y rendre, et nul ne s'en étonnera, quand on saura que le cantinier s'appelait Kobold.

L'amour du gain ne l'avait pas poussé à embrasser l'état, fort lucratif cependant, dont il avait fait choix. Il s'agissait avant tout, pour le petit-fils du bourgmestre aveugle, de conserver les facilités matérielles de parcourir le pays sans courir le risque d'être inquiété. Il voulait grande franchise d'allures. Et quoique le plus souvent il agît en plein jour, il enviait la facilité d'errer la nuit quand il lui conviendrait sous le couvert des bois. Sa double charge de vaguemestre et de cantinier lui permettait de rendre de multiples services, et chacun, soldats ou villageois, lui devait de si fréquents bons offices, que le bossu paraissait pour l'armée assiégeante un fantoche porte-bonheur. Il lui fallut quelque temps pour inspirer confiance. Mais lorsqu'il l'eut conquise, rien n'y porta atteinte; on le vit aller et venir à toute heure du jour et de la nuit dans le camp comme en dehors de son enceinte.

Par une nuit sombre, les sentinelles qui avaient aperçu le Kobold se glissant comme un reptile jusqu'aux fortifications de la ville de Strasbourg, ce seraient cependant grandement ébahis de le voir fixer à deux solides piquets l'extrémité d'une échelle de corde, grâce à laquelle il descendit dans le fossé rempli d'eau ; puis, à l'aide d'une barque grande comme une coquille de noix, il traversa le fossé dans toute sa largeur. Arrivé proche de la muraille, il lança une ancre destinée à mordre la terre du rempart, puis, à l'aide des nœuds qui y marquaient des échelons, il parvint sur le rempart même de Strasbourg. Nous l'avons dit, il faisait nuit noire. Cependant Kobold s'engagea sans hésitation dans la ville, et gagna l'ancienne boutique de l'*Agneau de saint Jean* sous les arcades obscures. Une faible clarté filtrait à travers les volets. On ne dormait pas dans la maison.

Kobold heurta doucement, et bientôt un pas léger se fit entendre dans l'intérieur.

— Qui est là ? demanda la voix de Madeleine.

— Kobold, répondit le bossu.

Madeleine étouffa un cri et ouvrit la porte.

A peine le bossu fut-il dans la boutique que la jeune fille demanda :

11

— Il est arrivé malheur à Johann ?

— Rassurez-vous, ma sœur ; je viens, au contraire, vous proposer de lui causer une grande joie.

— Comment le pourrai-je ?

— Avez-vous assez de vaillance pour me suivre par une route plus difficile à franchir qu'un précipice ?

— J'ai tous les courages quand il s'agit de Johann.

— Nul ne saura ce que vous aurez fait, et le matin vous retrouvera dans la boutique de l'*Agneau de saint Jean* ou près des lits de vos blessés. Ma sœur, ai-je trop compté sur votre amitié pour Johann ?

— Non, répliqua Madeleine, mais vous me répondez....

— De votre salut sur ma tête, et de votre honneur sur le mien.

— Kobold, dit Madeleine d'une voix grave, j'écoute trop à cette heure la voix de ma tendresse peut-être ; fasse le ciel que je n'en sois pas punie...

— Venez, répliqua le bossu, chaque minute vaut un siècle.

Madeleine céda. Depuis tant de jours l'anxiété déchirait son âme, depuis tant de nuits les retentissements sinistres de la guerre lui causaient au cœur des commotions horribles, qu'elle regarda la consolation de voir Johann comme une goutte d'eau tombée du ciel dans la fournaise au milieu de laquelle elle vivait. Sans doute elle commettait une imprudence, mais Kobold répondait du succès, et tant de fois elle avait expérimenté son adresse qu'elle s'en fiait complétement à lui.

Tous deux gagnèrent le rempart, et telles étaient la mémoire et l'intelligence du bossu qu'il retrouva sans peine le point où il avait laissé sa corde à nœuds. Plus d'une fois, le bruit de la marche des jeunes gens éveilla le « qui vive ? » d'une sentinelle, mais une mine de charbon n'était pas plus noire que cette nuit de septembre. Une fois en possession de son échelle, Kobold descendit dans le bateau avec une telle rapidité qu'il parut s'engloutir dans l'eau qui clapota sous la barque. Madeleine plus craintive descendit avec lenteur. Elle était à peine dans le canot que d'un brusque mouvement Kobold arracha l'ancre, dont le câble s'enroula au fond comme un serpent monstrueux. A l'aide d'un aviron seulement, le bossu gagna le bord, et quelques moments après Madeleine et lui se trouvaient à terre. Un soupir de soulagement gonfla la poitrine de la jeune fille ; elle pressa la main de Kobold avec une reconnaissance sincère, puis elle le suivit. De distance en distance, on apercevait des feux de bivouac, et l'ombre d'une sentinelle marchant avec une allure spectrale. Kobold fit entendre le cri d'une chouette, auquel répondit un cri semblable, et désormais orienté le bossu marcha lentement vers une sentinelle.

— Johann ! appela-t-il.

La sentinelle répliqua d'une voix étouffée :

— Toi, Kobold ! que viens-tu faire, pauvre enfant ?

— Il n'est pas seul ; murmura Madeleine.

— O mon Dieu ! mon Dieu ! dit Johann, je rêve, comment avez-vous pu sortir de la ville ?

— Nous nous en sommes évadés, ami ; j'y rentrerai après vous avoir conseillé d'espérer et d'attendre, après vous avoir fait promettre de nouveau de respecter ceux que j'aime, si le malheur de la guerre vous appelle dans nos murs... Ah ! Johann ! bientôt peut-être cette ville où vous êtes venu en famille me demander en mariage ne sera plus qu'un monceau de cendres. Nous lutterons jusqu'à la fin, et pourtant, ah ! mes angoisses me le disent, nous succomberons sous la force...

Chaque nuit les bombes trouent, incendient, dévorent, chaque nuit le nombre des morts, des blessés, se multiplie... Et se dire, Johann ! se dire que vous, Fritz, Wilhelm, vous aidez à ces horreurs....

— Dites que nous les subissons, Madeleine ! La guerre est horrible, atroce, impie ; la guerre détruit ceux que Dieu fit pour s'aimer. Suis-je moins éprouvé que vous ? Ma ferme a été brûlée, le vieux Gottlieb aveugle est caché dans une forêt comme une bête traquée. Nous sommes dispersés, ruinés ; qui sait si nous nous retrouverons tous au foyer ! Encore n'est-il plus de foyer, chère et douce Madeleine... Quand je vous proposai d'être ma femme, je vous offrais de devenir maîtresse d'une belle ferme, vaste, gaie, riche en bétail ; à cette heure, je puis vous dire : Madeleine, la maison est un monceau de débris, je n'ai plus que mes deux bras pour vous nourrir !

— Et c'est assez, reprit la vaillante fille, car nous travaillerons ensemble. Non, je ne me plaindrais pas, s'il m'était donné d'unir mes efforts aux vôtres, de partager votre vie ; mais, de quelque façon que se termine cette abominable lutte, elle nous séparera !

— Tais-toi; reprit Johann, je veux ne te devoir que des paroles d'espérance. Si tu savais, Madeleine, quel découragement s'est emparé de moi depuis notre séparation... Quelques-uns de mes camarades se réjouissent, ils pensent à la victoire, ils rêvent des grades, l'ambition leur trouble le cerveau; moi je ne vois que la famille, la famille seule, et je maudis la guerre... Ah ! il y a ici quelqu'un qui me comprend, c'est Hans. Avec moi il peut parler de Roschen, sa femme, et de ses deux petits enfants...

En ce moment une sorte de rumeur se fit entendre à quelque distance du groupe formé par Johann, Madeleine et Kobold. Le bossu s'en inquiéta, et se penchant à l'oreille de son frère :

— Je vais toujours ramener ici ma voiture, dit-il.

Mais à peine Kobold avait-il disparu derrière un bouquet d'arbres qu'une patrouille à cheval s'avança du côté des deux fiancés. Johann trembla de crainte, non pour lui, mais pour Madeleine ; celle-ci glacée de terreur s'appuya sur le bras du soldat. La patrouille avançait toujours. A proprement dire ce n'était pas une patrouille, mais douze hommes commandés par un officier, qui venaient pour inspecter la première parallèle. Le groupe de soldats s'approchait de façon à se trouver entre Johann et Madeleine et les taillis au milieu desquels avait disparu Kobold. La fuite se trouvait donc coupée pour Madeleine. S'oubliant elle-même, préférant se perdre plutôt que de compromettre son fiancé, elle passa rapidement devant les chevaux du groupe de cavaliers, comme si, surprise par leur brusque venue, elle tentait d'échapper à la fois à la sentinelle et aux soldats d'inspection. Sa fuite fut assez rapide pour qu'il fût possible de croire à ceux-ci que le soldat en faction ne l'avait pu retenir ; la nuit était assez sombre pour que Madeleine espérât se cacher dans le petit bois. Mais sa robe s'accrocha dans les ronces ; elle tomba sur le sol, blessée, éperdue. Quand elle se releva, un des cavaliers descendu de cheval était à sa poursuite. Elle courut, hélas ! ce n'était pas une forêt, mais un bouquet de bois qui se trouvait devant elle ; plus elle mettait d'obstination à fuir ceux qui la poursuivaient, plus elle se compromettait à leurs yeux. Enfin une main robuste la saisit par l'épaule, et bientôt la jeune fille se vit entourée de dix hommes à visages menaçants.

— Qui es-tu ? lui demandèrent-ils.

Madeleine se nomma.

— Une Strasbourgeoise ! s'écria l'officier ; c'est une espionne.

— Moi ! s'écria Madeleine, moi !

— Que venais-tu faire dans le camp ennemi, sinon surprendre nos secrets ?

— Je venais.... La pudeur empêcha Madeleine de poursuivre.

— Emmenez cette femme, dit l'officier, ou plutôt non ; liez-la à cet arbre, et demain il sera décidé de son sort.

Puis se tournant vers la sentinelle qui, pétrifiée de douleur, oubliait de poursuivre sa marche automatique :

— C'est l'heure où l'on te relève de faction comme grand'garde ; je te charge de veiller sur la prisonnière.

Au même moment Hans et deux de ses camarades remplaçaient Johann et son compagnon.

Le fils du bourgmestre obéit en silence.

Un des soldats prit une corde, lia les pieds de Madeleine au tronc de l'arbre, lui retourna les poignets derrière le dos et la garrotta par le milieu du corps.

Elle venait d'entendre dire que Johann la suivait ; mais il lui avait été impossible de rien distinguer dans la nuit. L'officier qui venait de donner d'une voix brève les ordres concernant la malheureuse fille allait s'éloigner suivi de ses hommes, quand il lui prit fantaisie d'allumer sa pipe. Il tira une bougie de sa poche, frotta une allumette, et la clarté tombant sur le visage de Madeleine la fit resplendir dans l'obscurité d'une beauté que l'officier n'avait pas soupçonnée. Il resta longtemps en face de sa captive, caressa d'une main sa longue moustache rousse, paraissant chercher une idée fuyant son front étroit ; puis il éteignit sa bougie, tira deux bouffées de sa pipe et ajouta d'une voix moins rude :

— Je vais consulter le colonel à votre sujet, ma belle fille.

Puis l'officier et sa petite troupe se perdirent de nouveau dans les ténèbres.

Madeleine ne pleurait pas, mais la douleur l'oppressait, l'angoisse lui serrait la gorge avec une telle violence qu'elle ne pouvait prononcer une parole. Johann retrouva le premier son énergie.

— Je t'ai perdue, Madeleine, dit-il, permets-moi d'essayer de te sauver.

— Me sauver? répondit la jeune fille, me sauver? Johann, il n'est plus de salut possible, et si je tentais de m'évader, si je rompais mes liens, c'est toi ! toi le gardien de la prisonnière, qui paierais ma rançon de ta vie.

— Eh ! qu'importe ? fit Johann, l'existence a-t-elle quelque prix pour moi, si j'ai la douleur de te perdre ? Tu l'as entendu, cet officier, il va consulter le colonel... et sais-tu la peine subie par les espions ? on les fusille ! et avant de voir cela, Madeleine, Johann ton fiancé tombera mort à tes pieds.

— Toi ! fit la jeune fille ; ah ! par pitié, silence. Toi, mourir, parce que je serai venue dans ce camp, imprudente et folle, parce que, sans réfléchir, sans demander conseil, j'aurai franchi le fossé de Strasbourg pour venir te dire : Je ne t'oublie pas. Non ! non ! Johann, ma faute ne te coûtera pas si cher... Sans doute Mâche-Balle me pleurera, et Louis songera longtemps à la sœur dont il ignorera la destinée, mais tu vivras pour Gottlieb et pour tes frères. La mort ne m'effraie pas. Fille de soldat, je mourrai sans peur. Dieu me tiendra compte du peu de bien que j'ai accompli en ce monde, et si mon dernier regard est pour toi, ma dernière pensée sera pour lui!

— Je te sauverai! répéta Johann; je fuirai avec toi, s'il ne me reste que ce moyen pour t'arracher à ceux qui deviendraient tes bourreaux.

La sentinelle, qui se tenait à quelques pas, s'approcha; c'était Hans, le mari de Roschen, l'ancien valet de la ferme des Houblons, maintenant le meilleur ami de son ancien maître.

— Madeleine, dit-il, vous répondez en femme vaillante, mais lui agit en homme de cœur... Il faut fuir...

— Jamais! répondit Madeleine.

— Johann, dit Hans à son ami, laisse-moi lui parler.

Le soldat s'approcha de l'arbre, sans ajouter un seul mot à ce qu'il venait de dire; il tira son couteau et trancha les cordes qui retenaient les mains de la prisonnière.

— Que faites-vous? demanda Madeleine.

— Je paie ma dette. Johann n'aura pas aidé à votre évasion, c'est moi qui m'y prête, moi qui oblige à fuir!

— Hélas! fit Madeleine, à quoi bon vous perdre tous deux?

— Gottlieb donne là-bas du pain à ma femme et à mes enfants ; Madeleine, partez ! partez !

— Ah ! si tu m'aimes... dit Johann.

— Écoutez-moi tous deux, reprit Madeleine, je ne fuirai pas ; rien ne m'y obligera, personne ne saurait m'y contraindre... Aucun de vous ne m'appela ici... je n'ai pour y venir consulté personne. Si Dieu marque mon heure, ce n'est pas à moi de la reculer... aussi bien, fit Madeleine, il est déjà trop tard... Voyez, des soldats porteurs d'un falot s'avancent dans notre direction, on va décider de mon sort. Je ne puis vous dire adieu devant mes juges, devant mes bourreaux... Plus tard vous raconterez à la famille comment je suis morte... Tu consoleras mon frère, Johann ; vous direz à Roschen de prier pour moi, Hans !... Et maintenant, adieu pour cette vie, je n'ai que le temps de recueillir mon âme.

— Madeleine ! Madeleine ! cria Johann.

La jeune fille ne répondit pas, elle priait.

Mais elle ne s'était pas trompée, en effet ; quatre soldats et l'officier qui avait interrogé Madeleine se rapprochaient sensiblement du bouquet de bois.

L'officier ne fumait plus, il chantonnait en continuant de tirer sa moustache.

— Eh bien ! demanda Madeleine qui le regarda bien en face à la lueur de la lanterne portée par un des soldats, le colonel a-t-il décidé de mon sort ?

— J'ai préféré m'en faire momentanément l'arbitre... Ainsi, tu donnes ta parole de n'être pas venue dans ce camp pour nous espionner ?

— J'ai déjà répondu à ce sujet.

— Au fait, tu es bien jeune, bien jolie, et surtout bien craintive pour un pareil métier... On accuse souvent les Prussiens de manquer de galanterie, tu ne m'adresseras pas ce reproche, toi, car, pour te protéger contre la fraîcheur de la température, au lieu de te faire passer la nuit dans ce bois, je te donnerai l'hospitalité sous une tente.

— Merci, Monsieur, répondit Madeleine d'une voix brève, si je dois être fusillée demain, peu importe que je passe cette nuit à l'abri du froid. Je resterai ici, j'attendrai ici, en plein air et sous la garde de vos hommes, que les chefs décident de moi...

— Pour le moment, reprit l'officier, tu dépends de moi seul...

— Vous vous trompez, Monsieur, de Dieu d'abord, de moi ensuite.

L'officier s'approcha davantage.

— Veux-tu me laisser passer ? lui demanda-t-il.

Madeleine secoua la tête.

— Ah ! c'est trop, je ne propose plus, j'ordonne! vous autres, détachez cette fille et emmenez-la dans ma tente.

— Johann ! cria Madeleine d'une voix déchirante, tue-moi ! plutôt que de me laisser enlever...

Johann allait épauler son fusil, quand une main se crispa sur son bras.

Au même moment un coup de pistolet partit, et l'officier tomba sur le sol. Un des hommes qui l'accompagnaient se baissa pour le relever ; il resta étendu près de son chef, une balle l'avait atteint à la tête ; les deux autres, effrayés et croyant à une attaque, s'enfuirent vers le camp, en criant : Trahison ! alerte !

A l'instant, Kobold sortit de l'ombre, prit par les cheveux le cadavre de l'officier, le traîna vers le taillis, cacha de même celui du soldat, puis entraînant Madeleine :

—Ma voiture de cantinier est là, dit-il, blottissez-vous derrière le grand coffre, nul ne sera tenté de la visiter.

Tandis que Madeleine s'élançait dans la voiture,

Kobold déchargeait les quatre autres coups de son révolver.

Le bruit d'une fusillade nourrie répondit bientôt à cette détonation ; une canonnade enragée commença aux remparts, puis soudain, du côté de la plaine, on aperçut, aux rapides lueurs de la fusillade, plusieurs régiments qui s'avançaient. En un instant l'armée des assiégeants fut sur pied, un feu nourri commença sur les deux lignes. Madeleine, enfermée dans la charrette de vivres et d'eau-de-vie de Kobold, tremblait de tous ses membres. Parmi les soldats sortis de Strasbourg peut-être comptait-elle un père, un frère ? La balle de Louis pouvait atteindre Johann, Hans ou Kobold ses défenseurs. Tous trois, groupés devant la voiture et soutenus par une poignée de camarades, tirèrent dans la nuit sur les troupes françaises. Par intervalle, à la clarté rouge de la fusillade, on distinguait, en avant des lignes prussiennes, des morts couchés, des agonisants jetant un cri suprême. Les troupes se rapprochaient comme si la fureur les gagnait davantage ; ils éprouvaient le besoin de lutter corps à corps. La diversion trouvée par Kobold pour détourner l'attention, que ne pouvait manquer d'avoir attirée le coup de pistolet qui sauva Made-

leine et coûta la vie à l'officier prussien, fut le
signal d'un engagement qui ne tarda point à devenir
une bataille. La sortie opérée rapidement
par les Strasbourgeois prit d'abord les proportions
d'une victoire. Pour ces troupes enfermées dans
la place, tout combat semblait une fête guerrière.
Chaque avantage pouvait amener le débloquement,
puis la liberté. Une défaite était non-seulement
une perte d'hommes, mais il s'y ajoutait la terreur
de voir se succéder des jours dont chacun dévorait
une part de vivres ; enfin, chaque échec mettait au
cœur l'horrible crainte de cesser d'être Français
pour appartenir à la horde allemande.

Pendant cette nuit l'action fut vive, le courage
au-dessus de toute louange. Mais d'aucun côté la
lutte ne fut plus ardente que du côté du bouquet
d'arbres où la carriole du cantinier cachait la
tremblante Madeleine.

Les Français trouvaient sur ce point une résistance
opiniâtre, et, s'irritant de voir une pièce
de canon servie avec une précision qui leur coûtait
cher, ils résolurent d'en finir avec la petite
batterie qui les décimait. Une poignée de zouaves
se précipita au pas de course vers le bouquet
d'arbres, et, dédaignant le combat au fusil, fon-

dit la baïonnette en avant sur les Prussiens.

Hans et Johann, le dreyse à la hanche, reçurent le premier choc, et la mêlée devint horrible. On frappait de la crosse, de la lance, des coups de révolver éclataient au milieu des demi-ténèbres. Les cris de rage et de colère se mêlaient aux détonations, les jurons français aux imprécations allemandes. Des hommes tombaient criant qu'on les achevât, mourant sous les pieds des combattants. Chaque pouce de terrain était disputé avec un égal acharnement. Adossés à la charrette, Johann et Hans se battaient comme deux sangliers furieux, tandis que, caché derrière le rideau de cuir de sa charrette, le bossu faisait feu de tous les coups de son révolver pour recharger ensuite de nouveau son arme.

Deux zouaves surtout multipliaient de prodigieux efforts afin de s'emparer de la position qu'ils convoitaient. Le canon qui leur avait enlevé bien des hommes venait d'être encloué, cela ne leur suffisait pas. Sans savoir quel trésor y était caché, ils convoitaient de s'emparer de la charrette. Tout à coup Hans, pressé par le plus jeune des deux zouaves, se sent atteint d'un éclat d'obus qui lui fracasse les deux jambes, et tombe en s'écriant :

— Johann, venge-moi, et nourris Roschen.

En entendant ces mots, le zouave laisse échapper une exclamation d'effroi, à laquelle répond un long gémissement, et Madeleine, s'élançant à mi-corps de la voiture, essaie d'attirer le blessé pour le sauver de la mort.

L'aube répandait ses vagues lueurs sur l'horrible tableau qui s'offrait aux yeux de la jeune fille ; elle regardait, pâle, terrifiée, la scène épouvantable dont le petit bois est le théâtre. Mais Johann ne lui laisse pas le temps d'embrasser ce lugubre tableau ; il veut la repousser dans la carriole pour la dérober aux regards de l'ennemi. Soins inutiles ! un vieux zouave bondit vers la charrette, il tente de la prendre d'assaut. Johann le saisit à la gorge ; il ne s'agit plus de bataille, mais d'un duel ; les lutteurs vont peut-être se tuer sans se reconnaître, quand un être tombe entre eux bondissant comme un chacal. C'est Kobold, qui a sauté du timon sur le dos du zouave et lui jette ses bras autour du cou en criant :

— Père Mâche-Balle, ne tuez pas Madeleine !

— Madeleine ! répète le vieux soldat.

Il est rejoint par Louis, qu'une blessure légère vient d'effleurer à la main.

— Qui a ravi ma fille ? qui l'a enlevée ? demande le vieux héros de Mostaganem.

— Je suis seule coupable, dit Madeleine, seule j'ai voulu revoir Johann dont la bravoure m'a sauvée.

— Johann ! appelle Mâche-Balle.

Mais Johann ne répond pas, une balle vient de l'atteindre à l'épaule, presque en même temps qu'une autre lui ouvrait le crâne.

Le signal de la retraite est donné par le commandant des troupes françaises, le jour paraît, il faut rentrer dans la ville assiégée.

— Johann ! dit Madeleine en pleurs.

— Un peu d'aide, crie Kobold à Mâche-Balle ; mettez le blessé dans la voiture et emmenez tout.

— Et toi, que deviendras-tu ?

— Laissez la voiture à la porte de la ville, le poulain reviendra tout seul. Sauvez-vous. Je reste pour porter des nouvelles au père, pour soigner Hans, et puis soyez tranquilles, j'ai plus d'un tour dans mon sac.

Mâche-Balle enleva le bossu dans ses bras et l'embrassa :

— Je te rendrai ton frère, lui dit-il.

Une étreinte, un cri d'adieu, un coup de fouet

au poulain qui bondit et enleva la charrette au milieu des cadavres et des corps allongés dans le sang et dans la boue, quelques fusillades éloignées, fut tout; la troupe française quitta le théâtre de la lutte et, quand le jour se leva tout à fait, les portes de la ville étaient refermées.

IX

A L'AMBULANCE.

L'arrivée des prisonniers et des blessés ramenés par les soldats français souleva dans la ville une telle tempête de colère et de malédictions que plus d'un Prussien crut ne jamais achever le trajet menant de la porte de la ville à l'ambulance ou à la prison militaire. La haine dont les Strasbourgeois se sentaient animés, était d'autant plus grande qu'elle succédait sans transition à l'amitié et aux liens de bon voisinage qui jadis rapprochaient le pays badois de la France.

Du reste, les prisonniers paraissaient moins aigris par les sentiments manifestés sur leur passage, que tristes et abattus d'en constater l'expression violente. Ils baissaient la tête et n'osaient pas regarder la foule, dans laquelle ils eussent reconnu des visages qui leur avaient souri jadis plus d'une fois, et vu, levées pour les menacer et pour les maudire, des mains qu'ils avaient pressées.

Mais aucun des captifs ne se sentit aussi terriblement ému que Madeleine restée au milieu du petit convoi de blessés, et qui suivait le front penché, les yeux rougis par des larmes brûlantes, le cacolet sur lequel Johann avait été placé.

Au moment où les soldats allaient franchir la porte de Strasbourg, la jeune fille, docile aux recommandations de Kobold, aida Johann à descendre de la voiture du cantinier, puis lui présentant son épaule pour appui, elle le fit monter dans un cacolet mal équilibré par le poids d'un premier blessé français atteint à la jambe d'un coup de feu. Johann perdait beaucoup de sang. La plaie qu'il avait au front, bandée à la hâte par Madeleine, se rouvrait aux secousses du trajet ; le front du jeune homme blêmissait de minute en minute. Il sentait dans le cerveau et dans les oreilles des bourdonnements confus et ne distinguait pas les cris de haine et de menace éclatant autour de lui ; la blessure reçue à l'épaule ne lui causait alors que la sensation d'une contusion violente.

Silencieux et mordant sa moustache grise, le vieux Mâche-Balle ne perdait pas de l'œil le cacolet, et se tenait prêt à venir en aide à celui qui peut-être, pendant la lutte de la nuit, lui avait traversé le bras d'un coup de baïonnette heureusement sans danger.

Trop juste pour en vouloir à Johann des malheurs fratricides de la guerre, le zouave approuvait au fond du cœur Madeleine, qui ne reniait pas en face de la foule le prisonnier à demi mort dont elle était la fiancée.

Enfin le convoi arriva à l'ambulance et Madeleine y installa Johann. Elle ne céda à nul autre le soin de laver ses blessures et de rester près de son chevet. L'épaule atteinte d'une balle de chassepot n'avait pas été brisée ; quant à la blessure de la tête, elle pouvait avoir des suites graves, et le premier soin du chirurgien fut de pratiquer une abondante saignée.

Johann affaibli restait étendu sur son lit, les yeux clos, le front blanc comme les linges qui l'entouraient. Il distinguait cependant la voix et le pas de Madeleine, et l'on eût dit qu'un bien-être lui venait de sa présence.

Il devint indispensable, en raison de la haine

des blessés français contre les blessés allemands, de les séparer les uns des autres.

Pendant plusieurs jours, quelques Prussiens refusèrent toute espèce d'aliments ; ils craignaient d'être empoisonnés par ceux qui les servaient. Cette terreur fit bientôt place à une vive reconnaissance, car, il faut le reconnaître, jamais la charité ne se manifesta d'une façon plus ingénieuse, plus douce, plus impartiale que durant les phases diverses de cette guerre exterminatrice. Pendant la première semaine de leur séjour à l'ambulance, les Prussiens et les Français, ne pouvant plus échanger de projectiles, échangeaient des paroles amères, des insultes, des menaces ; ces blessés à demi morts levaient pour se maudire leurs bras sanglants.

Que de fois Madeleine apaisa ces querelles, dont l'impression restait deux fois plus douloureuse que s'il se fût agi d'hommes valides pouvant lutter de force et de haine. Que de fois, allant d'un lit à l'autre, elle calma ces hommes irrités, parlant à l'un de son père, à celui-là de sa sœur. Quand elle avait affaire à un soldat de la landwehr, elle triomphait plus vite, en lui parlant des enfants. Elle rouvrait comme dans une vision la maisonnette abandonnée, elle montrait la jeune femme pleurant tout bas et berçant les petites créatures; elle répétait alors : — Loin de maudire ces hommes qui sont vos frères, et que vous n'avez pas le droit de haïr, même si votre loi militaire vous oblige à les combattre, remerciez Dieu de vivre encore, et de garder l'espérance de retrouver votre toit et votre famille.

Au blessé français Madeleine disait :

— Vous vous battez en brave, vous êtes seul au monde, ou du moins vous n'êtes pas l'unique espoir de la maison, ayez donc compassion de ceux-ci, dont le cœur est resté dans un coin de l'Allemagne, et dont l'absence tuera peut-être des êtres chéris.

Madeleine servait de secrétaire aux blessés des deux partis et cumulait cet emploi avec celui de lectrice.

On se demandait comment et à toute heure cette jeune fille se trouvait prête à rendre tous les bons offices que l'on réclamait d'elle.

Madeleine paraissait ignorer la fatigue, comme elle ignorait la peur.

Ce ne fut pas elle seulement qui, dans cette période terrible de notre histoire, se montra au-dessus des faiblesses, des répugnances ordinaires à la femme, et que ses habitudes eussent presque rendues excusables. Il faut le dire à la louange des femmes françaises, elles se montrèrent héroïques et saintes dans nos malheurs, et le reproche de légèreté, qui souvent leur fut adressé non sans quelque justice, doit s'effacer pour jamais au souvenir du courage viril et chrétien dont elles donnèrent des preuves dans le danger.

Grande dame et femme du peuple, toutes se montrèrent à la hauteur de leur mission, toutes ont pansé des plaies et consolé des souffrances ; toutes ont uni pendant ces jours néfastes le sang-froid du chirurgien à la compassion de la sœur de charité.

Cependant à Strasbourg le bombardement se poursuivait avec une intensité progressive et terrible.

Pendant la nuit les bombes et les fusées traversaient le ciel sombre pour tomber avec d'horribles éclats, allumant l'incendie sur des points divers, semant la dévastation et la ruine.

Pendant que le feu anéantissait la cité assiégée, on amenait de Magdebourg et d'Erfurth, à grands renforts de chevaux, une formidable artillerie de siége.

On enlevait de force les paysans et les hommes valides pour les forcer à travailler aux tranchées et à préparer la ceinture de fer qui devait étreindre Strasbourg, la briser, la consumer, en faire un cadavre sanglant. Si un homme de cœur, un fils de l'Alsace, refusait d'obéir à l'ordre des envahisseurs, son opposition équivalait à une condamnation à mort ; on le fusillait comme traître, et il roulait dans le fossé qu'il n'avait pas voulu aider à creuser.

Ces travaux n'étaient pas les seuls auxquels les Allemands obligeassent les malheureux laboureurs à prendre une part active ; tant que des Badois seuls avaient cerné la ville, ils trouvèrent dans les traditions du passé assez de bons souvenirs pour ménager les Alsaciens, mais bientôt les Prussiens parurent, les Prussiens qui n'avaient dans le pays ni attaches ni habitudes, et qui se tenaient prêts, si la ville refusait de se rendre, à l'ensevelir sous les ruines.

De ceux-là les populations voisines de Strasbourg ne pouvaient attendre aucune merci.

On leva sur les malheureux, déjà si pauvres, des réquisitions exorbitantes de tout genre. Après les avoir dépossédés de leur argent, on leur enleva leurs vivres, puis on les conduisit par escouades comme des forçats dans les forêts voisines, les obligeant à abattre les sapins les plus beaux pour aider aux envahisseurs à poursuivre les travaux du siége.

On dépeuplait les forêts de ces géants végétaux qui faisaient une partie de la richesse du pays. Il en tomba mille en quelques jours! mille sapins qui avaient grandi pour devenir des mâts de robustes bâtiments hollandais, pour aider au commerce des nations, à l'union des peuples, et qui s'abattaient sous la hache des fils de l'Alsace, tandis que les Prussiens tenaient levés sur les malheureux les canons de leurs révolvers.

Et cependant, en dépit de l'invasion de la province, en dépit de l'envahissement de la France, malgré les premiers échecs, les premiers malheurs subis, on gardait à Strasbourg une inaltérable confiance.

La foi vaillante du général Uhrich passait dans l'âme de la garnison, et les jeunes mobiles n'étaient pas moins braves que les soldats aguerris.

Mais si le soldat ne s'effrayait pas, la population civile, entendant les sifflements des bombes, se demandait anxieuse pourquoi l'ennemi, au lieu de s'attaquer aux remparts, lançait ses projectiles contre une foule inoffensive. Peu à peu l'effroi grandit en raison du nombre des victimes. Les contrebandiers apportaient à grand'peine des dépêches du théâtre de la guerre ; elles étaient mauvaises. Les proclamations affichées dans la ville annoncèrent que les négociations touchaient à leur terme, et la population fut invitée à supporter courageusement les dangers de la guerre.

La place, à partir de ce moment, devait être bombardée avec de grosses pièces d'artillerie venues de Kronstadt, l'ultimatum insolent de l'ennemi ayant été repoussé fièrement par le général Uhrich.

Les soldats et les habitants, sous l'empire d'une virile confiance, acceptèrent la lutte.

Personne du reste ne croyait encore que la guerre procédât par l'incendie et par la destruction, qu'elle s'attaquât à la population inoffensive, aux femmes, aux enfants, de préférence à l'armée.

On tâcha de se persuader que les obus tombés dans la ville provenaient d'une maladresse des pointeurs, et non pas d'une lâcheté politique.

Il ne fut bientôt plus possible de garder cette illusion. La bataille n'était pas entamée que la tuerie commençait.

Aucun soldat n'était tombé sur les remparts, et des femmes succombaient à leurs blessures.

Comment décrire la première nuit de bombardement? Une pluie d'obus et de bombes assaillent les riches quartiers de la ville, celui de Broglie est le premier en flammes, le Gymnase protestant brûle, l'instant d'après le toit du Temple-Neuf projette une clarté rougeâtre sur le front noir du ciel. Le même cri sort de toutes les bouches :

— La Bibliothèque est en danger !

Placée entre le Gymnase et le Temple-Neuf, elle ne pouvait échapper au désastre enserrée qu'elle était dans le foyer de deux incendies. Tous les postes de sauvetage comprennent l'imminence du péril, chacun fait des efforts surhumains pour disputer aux flammes des trésors inestimables. Mais à peine les pompes sont-elles installées qu'une pluie de projectiles tombe sur le brasier pour empêcher les secours, et l'ennemi fait converger sur le même point le feu de toutes ses batteries.

Louis et Mâche-Balle, qui s'étaient portés les premiers sur le lieu du sinistre, essayèrent trois fois de se jeter dans le gouffre embrasé avec une centaine de soldats et de pompiers véritablement héroïques ; la flamme les repoussa, et ils reparurent sur la place les cheveux brûlés, le visage noirci par la fumée, et Louis le front entamé par un éclat de projectile.

Tout ce que renfermait de merveilles cette bibliothèque fut perdu, depuis les miniatures de l'abbesse Herrade, jusqu'aux incunables, jusqu'à la Bible de Guttemberg, et toutes les raretés qui attiraient à Strasbourg les savants de l'Europe.

Pendant cette même nuit, la nuit du 23 août, le musée de peinture, l'arsenal, la moitié du quartier de Kruteneau flambèrent, et le lendemain il ne restait de toutes ces maisons que les caves, au fond desquelles les habitants désespérés cherchaient un refuge.

Le lendemain à huit heures du soir, car la nuit est faite pour les crimes, l'attaque recommença plus acharnée que la veille. La rue Mésange, la rue au Foin, s'abîmaient et ne formaient déjà plus qu'un monceau de décombres, quand la cathédrale elle-même fut atteinte !

Des obus, dirigés avec une précision effrayante, attaquaient l'œuvre séculaire de Erwin de Steinbach, cette merveille à qui l'on connaissait une seule rivale : la cathédrale de Cologne.

Le feu prit rapidement à la charpente de bois

qui, de l'emplacement de l'ancien télégraphe, allait jusqu'à la nef. Cette charpente couverte en zinc s'enflamma tout d'une pièce, et les langues de feu qui la dévoraient s'élevèrent bientôt jusqu'à la plate-forme.

Rien ne saurait traduire l'horreur d'un pareil tableau...

Le crieur, affolé de terreur, cria d'une voix lugubre dans la ville épouvantée :

— A la cathédrale ! le feu est à la cathédrale !

La foule accourut, mais elle resta impuissante devant ce gigantesque incendie ; une flamme blanche, la flamme du zinc, tourbillonnait autour de la pierre et grimpait jusqu'à la flèche. Jamais ! non jamais, si ce n'est, hélas ! le tableau des incendies de Paris, rien ne donnera une idée de cet effrayant spectacle. L'imagination ne crée pas des scènes de ce genre, et la plume se refuse à les retracer...

Douze heures s'écoulèrent, pendant lesquelles le feu dévora le bois, le zinc, le plomb, calcina la pierre. jeta pêle-mêle en débris sur le sol les chapiteaux de colonnes, les statuettes, même les pierres de la voûte, l'horloge brisée laissait craquer ses rouages merveilleux, les débris s'entassaient sur les débris. Le feu ne s'éteignit que faute d'aliments.

Deux jours après la nef s'effondrait, et il ne restait plus que le vaisseau magnifique, et la flèche rendue plus vénérable et plus sacrée par ses blessures.

La population était consternée, mais elle ne parlait pas de se rendre, au contraire, le peuple se levait et demandait des fusils, il voulait que l'on fît des sorties.

Mais si les magistrats, les soldats, les hommes croyaient qu'il fût de leur devoir de lutter jusqu'à la mort, un homme trouva que son devoir, à lui, était de prendre la parole au nom des faibles, des malades, des affamés, des vieillards et des enfants.

L'évêque de Strasbourg n'avait certes pas besoin de trouver dans le dévouement de l'évêque de Ross un patriotique exemple à suivre. Son cœur de prélat et d'apôtre lui traçait sa ligne de conduite.

Mgr André Roess, évêque de Strasbourg, avait alors soixante-seize ans; il occupait son siége depuis 1842. C'était un de ces prélats qui n'ont pas craint de lutter corps à corps, poitrine contre poitrine, avec les partisans de la nouvelle école. Il se dit que dans les temps d'épidémie, de guerre ou de révolution, la place du clergé français est au champ d'honneur, et il résolut d'y aller.

Le 26 il se rendit à Schiltighen, dans le but de tenter une conciliation. Sur son désir de voir le commandant ou le premier de ses officiers, le chef de l'état-major prussien, le lieutenant-colonel von Leszcynski, se rendit à Schiltighen où Mgr Roess l'attendait.

Le prélat prit la parole pour faire observer que le bombardement intérieur de la ville de Strasbourg était un fait non autorisé par la guerre ; que la Prusse pouvait s'attaquer à la garnison, aux remparts, mais non pas aux habitants inoffensifs. Il parla avec chaleur, avec éloquence, avec patriotisme et dignité.

Il ne pouvait être compris.

M. Leszcynski lui répondit que le danger couru par la population inoffensive était un des moyens qui serviraient à amener la reddition de la place. Le lieutenant-colonel ajouta cependant qu'il consentirait à un armistice de vingt-quatre heures s'il avait la certitude que dans une heure le gouverneur serait disposé à entrer en négociations.

Mgr Roess ne pouvait à ce sujet donner aucune espérance au lieutenant-colonel. Il fit alors parler la pitié, l'humanité ; il demanda la grâce des innocents condamnés à périr au milieu des flammes ou à mourir écrasés sous les débris de leurs maisons.

— Capitulez-vous ? demanda Leszcynski.

— L'honneur militaire nous le défend, répondit l'évêque.

— Eh bien ! mourez donc ! ajouta le colonel d'une voix tranchante.

— Nous n'aurons pas besoin qu'on nous apprenne à mourir glorieusement... répliqua le prélat.

Le soir même, le bombardement reprenait avec une nouvelle furie.

Et quelques jours après Mgr André Roess, brisé par la douleur de voir sa chère Alsace sur le point de devenir la proie de l'ennemi, succombait dans la ville qu'il n'avait pu sauver. Son nom prendra place sur le livre d'or de l'épiscopat français, livre auquel la guerre, la révolution, l'émeute, marquent depuis quelques années tant d'empreintes sanglantes...

L'échec subi par le courageux évêque ne découragea pas les hommes doués du sentiment de l'humanité. Une députation de délégués suisses demanda que les malheureux assiégés eussent l'autorisation de chercher en Suisse un abri et du pain. On permit donc pendant trois jours aux femmes et aux enfants de quitter la ville pour se rendre à Dimglingen, sur la rive droite du Rhin. De ce point à Bâle les émigrants seraient transportés par le chemin de fer badois, et le plus fraternel accueil devait les attendre en Helvétie.

Après le départ des femmes et des enfants, la lutte redoubla d'intensité. L'armée prussienne voulait en finir, et multipliait ses attaques.

Les bombes qui pleuvaient chaque nuit ne respectaient pas même les asiles et les malades. Cinq tombèrent dans l'hôpital, une d'elles éclata dans une salle renfermant des blessés ; il fallut songer à descendre les malheureux dans des caves afin de les mettre à l'abri.

Il faut avoir été témoin de scènes de ce genre pour savoir tout ce qu'elles ont d'horrible.

Quelques précautions que l'on prenne pour transporter de malheureux blessés, comment ne point leur causer des souffrances aiguës, atroces, quand il s'agit de leur faire traverser des couloirs trop étroits, de les descendre par des escaliers en spirale? On ne peut les transporter dans leurs lits, il est même impossible de tourner les brancards ; les matelas amortissent mal les heurts, aucune précaution ne suffit à éviter des souffrances intolérables. On entend des plaintes, des cris, des sanglots! Et au-dessus de cette basse douloureuse éclate la bataille, la bataille qui tonne, gronde, se rapproche, se rapproche encore...

Quand les blessés furent descendus dans les caves et mis à peu près en sûreté, quel spectacle présentèrent ces salles humides, basses, manquant de jour et d'air !

Il semblait que les blessés fussent entrés vivants dans leur sépulcre. Sur les couchettes, que ne tarda pas à pénétrer l'humidité du sol, on eût dit que les plafonds allaient s'effondrer pour écraser les malheureux. L'air qui descendait par les soupiraux venait de la rue remplie de poussière et de boue ; il ne soufflait plus du ciel ; il n'apportait aucun de ces principes vivifiants qui sont aussi nécessaires aux blessés que le soleil et la nourriture.

Pour augmenter la tristesse de ces salles, où le jour manquait, on dut laisser les lampes perpétuellement allumées. Les malades ne gardèrent pas même la distraction de compter les heures en suivant les gradations de la lumière et de l'ombre.

A peine les blessés dormaient-ils pendant les longues nuits, car le canon tonnait avec une telle furie qu'on s'attendait à voir la ville brusquement, entièrement écrasée.

De temps en temps une plainte déchirante fendait l'air; une nouvelle victime tombait dans les rues.

Parfois le matin les blessés voyaient près de leurs lits une figure inconnue. Ils s'informaient de l'infirmière qui leur donnait des soins... La veille, en allant chercher des remèdes, des potions, elle était tombée atteinte par un projectile. Une autre prenait sa tâche, résignée au même sort.

Les femmes mouraient à leur poste d'honneur comme des soldats, comme des héros.

Quelle vie que ce séjour au fond des caves sans clarté, sans air, en face de tableaux devant lesquels il semble que l'humanité doive reculer. Quel spectacle que la vue perpétuelle d'hommes dont chaque opération fait un mutilé, et qui redoutent l'heure du pansement comme un misérable condamné craindrait celle de la torture.

Il semble que les murailles se rapprochent pour vous écraser, l'étouffement vous contracte la poitrine, la pestilence s'exhalant des plaies vous fait défaillir, une sueur froide mouille vos tempes... Et cependant il faut vaincre ses répugnances, raffermir ses nerfs, garder son sangfroid et sa présence d'esprit. Il faut s'oublier, s'anéantir, se jeter dans le dévouement comme les chrétiens se jetaient dans le martyre.

Madeleine le faisait, et bien d'autres comme elle !

Strasbourg ne devait pas souffrir seulement d'un bombardement terrible, tuant ses enfants, broyant ses églises, et la réduisant à l'intérieur à l'état de ruine héroïque; elle redoutait la famine, et pendant un siége avoir du pain c'est garder une arme, car c'est avoir la force de se tenir au rempart, de se défendre, de lasser l'ennemi, c'est pouvoir le vaincre peut-être.

Strasbourg, comme toutes les places qui furent assiégées pendant cette guerre monstrueuse et farouche, fut trompée sur le temps que devait, que pouvait durer sa défense. Si les habitants puisaient une grande confiance dans le chiffre des approvisionnements qu'on leur annonçait, les Prussiens, eux, n'étaient pas dupes des proclamations qui les indiquaient, des journaux qui le répétaient après les proclamations.

On avait peut-être raison, cependant ; avant tout, il faut qu'une garnison garde confiance ; celle de Strasbourg attendait l'armée qui la devait délivrer; il fallut bien qu'elle eût l'espoir de vivre jusqu'à cette délivrance.

L'histoire de ces mensonges stratégiques en quelque sorte se répète à chaque siége mémorable, et souvent le mensonge en ce sens réussit assez bien pour faire lever le siége à des assiégeants obstinés.

Un passage du roman d'*Ogier le Danois* raconte que celui-ci, assiégé depuis sept ans dans Castelfort, découragea Charlemagne en lui faisant croire qu'il possédait encore des vivres en abondance. Un Portugais, Ferdinand Ruiz Pacheco, assiégé dans le château de Celorico, envoya à ses ennemis une truie superbe qu'un aigle avait laissé tomber dans sa forteresse, et ceux-ci, supposant le château abondamment fourni, renoncèrent à l'espoir de le prendre par la famine.

Dans le poëme de *Philomena*, la légende raconte que la dame de Carcase, dont la devise se voyait jadis sur les portes de la ville de Carcassonne, — *carcos sum* — devise à laquelle, selon les romanciers, cette cité dut son nom, — Carcase, assiégée par Charlemagne, fit manger à une truie deux grands boisseaux de blé, à peu près tout ce qui restait de provisions. Elle jeta ensuite la truie par-dessus les murailles. Les soldats qui la ramassèrent lui ayant trouvé l'estomac plein de froment, en conclurent qu'il devait y avoir abondance de vivres dans la ville.

La reine Adelheid, femme de Lothaire, assiégée dans Canusium, employa le même subterfuge.

En Tyrol, les Staakenberg, réfugiés dans le château de Grefenstein, découragèrent le duc Frédéric, qui les tenait bloqués, en lui jetant un énorme porc soigneusement engraissé. Ce fut à cette occasion que Greifenstein fut appelé *Sanschloss*.

La romance castillane de don Garcia rapporte une légende de siége plus dramatique, et aussi heureuse dans ses résultats :

« Les Mores m'ont assiégé le matin de la Saint-Jean.

Sept ans se sont passés, ils ne renoncent pas au siége.

Je vois mourir les miens, n'ayant plus rien à leur donner ; je les place aux créneaux, armés comme s'ils étaient vivants, pour que les Mores les croient prêts à combattre.

Dans le château d'Umégna il n'y a plus qu'un seul pain, si je le donne à mes enfants, ma femme qu'aura-t-elle ?

Si je le mange, malheureux ! mes compagnons se plaindront.

Don Garcia fit du pain quatre morceaux et les jeta dans le camp.

Un des morceaux tomba aux pieds du roi : — « Allah ! cela est triste pour mes Mores et doit les décourager, le château envoie ses restes au camp. »

Il ordonna de sonner les clairons et fit aussitôt lever le siége. »

Et l'on ne savait point en France la vérité sur la situation réelle de Strasbourg, et la ville elle-même croyait pouvoir tenir longtemps. On lui avait tant de fois répété que sa situation la rendait inexpugnable, que ses murailles ne l'eussent-elles plus défendue, elle pouvait, démantelée, rasée pour ainsi dire, anéantir ses ennemis dans les eaux de l'Ill, comme Moïse couvrit les Égyptiens des flots de la mer Rouge. Oui, Strasbourg croyait, et debout sur ses remparts, d'une main tenant son arme, de l'autre faisant un geste d'appel aux armées qu'on disait en marche, elle espérait encore !

Pauvre noble Alsace, elle ne pouvait croire qu'on l'arracherait meurtrie et sanglante du sein de la France, à laquelle elle se cramponnait.

Et cependant les remparts se lézardaient, la gare du Nord était prise, la forteresse se démantelait, et la famine allait venir...

X

LUTTE MORTELLE.

Le jour où le danger devint si grand dans la ville que l'on fut réduit à descendre les blessés dans les caves, et que la plupart des habitants durent suivre cet exemple, Madeleine crut s'ensevelir à jamais dans la tombe avec celui qu'elle avait choisi pour être le compagnon de sa vie.

Il y avait plusieurs jours que Johann était à l'ambulance et il endurait d'intolérables douleurs.

Ce n'est pas au moment où la balle l'atteint que le soldat éprouve une violente souffrance ; non, la sensation du premier moment est celle d'une contusion ; une balle ne fait pas plus de mal quand elle vous atteint qu'un coup de poing ou une poussée assez rude.

Les douleurs grandissent lentement, progressivement ; au bout de quatre ou cinq jours elles arrivent à être très-cuisantes, insupportables. Le pauvre Johann entrait dans cette phase si longue, si pénible, où la douleur de la plaie se double d'opérations souvent quotidiennes, où le pansement même est une souffrance. Le malheureux, atteint à la tête, à l'épaule, ne trouvait plus de position sur son lit de douleur. Il poussait des cris plaintifs, comme ceux d'un enfant, lui si robuste, si courageux, si brave.

L'excès de ses tortures réagissait sur son esprit ; la tristesse l'envahissait, l'espoir s'éteignait en lui. En même temps il se souvenait de tous les siens avec des tendresses infinies, et souvent au milieu de ses soupirs Madeleine distingua les noms de Gottlieb, de Kobold et de Jutta.

« J'avais payé l'impôt militaire, lui disait-il un jour; tout jeune on m'avait obligé à quitter notre ferme où ma mère, veuve et chargée d'enfants, ne pouvait aisément me remplacer. Je m'étais montré docile, soigneux ; les notes méritées par moi attestent la régularité de mon service et l'honorabilité de ma conduite. Je ne devais plus rien à l'État, je me croyais libre ! Et devenu libre, j'allais avoir à moi une femme, puis des enfants... Ah ! bien oui !

Est-ce qu'un homme a le droit à la famille parmi nous ? C'est un être rivé malgré lui à la bataille, quelque âge qu'il ait, quelque haine du sang qu'il éprouve en lui-même... Son aïeul est aveugle ! qu'importe au roi ? il veut conquérir des provinces. Sa mère est veuve ! s'en inquiète-t-on ? Quitte la charrue, paysan, et prends le fusil ! Sa fiancée l'attend ! il la quittera... Et au retour la retrouve-t-il ? S'il la revoit, revient-il, lui, tel qu'il est parti ? Est-elle obligée, elle fiancée d'un homme valide, de tenir sa promesse, si le robuste paysan n'est plus qu'un infirme ? Oh ! la guerre est maudite des hommes ! et les rois qui la font sont maudits de Dieu.

— Johann, répondit Madeleine, vous voyez bien que tout ne vous manque pas, je reste là.

— Qui me répond ?..

— Oh ! fussiez-vous le plus invalide de tous les soldats de cette lutte fratricide, que je deviendrais encore votre femme.

— J'en suis presque réduit à ne plus demander à Dieu de me sauver. L'excès de mes souffrances morales ne peut se décrire, j'ai peur de devenir fou, il me semble que ma tête va se fendre par l'excès de mes tortures... Ne me quittez pas, Madeleine, ne me quittez pas, si vous ne voulez point que je meure...

— Mon Dieu ! répondit Madeleine, je me dois à tous. Johann, d'autres souffrent aussi... mon devoir m'appelle près d'eux, si mon cœur me retient près de vous...

— Allez donc ! dit Johann d'une voix brisée.

Il se coucha le front sous son drap.

Une seconde après il se souleva et murmura :

— Comme j'ai froid !

Madeleine plaça deux couvertures sur son lit ; elle prit la main du malheureux et la trouva glacée.

Alors elle ne parla plus de le quitter, elle n'en aurait pas eu le courage. Toute la vaillance qui l'avait soutenue jusque-là défaillit, et la pauvre fille tomba lourdement à genoux près du lit du blessé.

Jusqu'à cette heure jamais l'énergie ne lui avait fait défaut pour remplir son devoir, quelque rigoureux qu'il pût être ; mais à ce moment le fardeau dépassa son courage de femme, de chrétienne et d'héroïne de l'humanité.

Sans le savoir, Johann venait de lui briser le cœur dans la poitrine ; non pas par ses plaintes, par ses reproches, dans lesquels elle ne voyait qu'une exagération de tendresse, mais par ces deux mots si simples en apparence : — « J'ai froid ! »

Les deux bras joints sur le pied du lit, secouée par des sanglots convulsifs qu'elle s'efforçait d'étouffer, elle pleurait sur ses jeunes espérances, sur son amour coupé en pleine floraison ; elle pleurait sur son fiancé et désespérait de le sauver de la mort !

Lui tremblait toujours sous ses couvertures grises.

Malgré les efforts de Madeleine pour cacher son profond désespoir, le blessé le comprit, et, regrettant d'avoir doublé les angoisses de sa fiancée par des mots amers ressemblant presque à des blasphèmes, il tenta de se soulever et l'appela :

— Madeleine, chère Madeleine !

Le geste qu'il fit en étendant la main vers elle rendit à Madeleine la force morale qui l'avait un moment abandonnée. Par un effort surhumain elle sécha ses pleurs et se trouva debout.

Alors avec des soins maternels elle replaça la tête du blessé sur les oreillers et cacha ses bras amaigris sous la couverture.

— Il a toujours froid ! murmura-t-elle.

— Oui, répondit-il, ce n'est rien, c'est le frisson...

Le frisson !

Il faut avoir passé des jours et des nuits, des semaines et des mois, dans les asiles de la douleur, il faut avoir suivi près des blessés les phases diverses de leurs souffrances, en avoir calculé les progrès, en avoir prévu les résultats funestes ; il faut avoir d'un œil avide sondé le regard du chirurgien et deviné sous son calme apparent la condamnation portée par la science, pour comprendre ce que renferme ce mot : — *le frisson*, — quand il s'agit d'une blessure.

Il équivaut à moins d'un miracle à un arrêt de mort.

Mort lente, terrible, dont les ravages s'étendent dans l'organisme avec une rapidité plus ou moins dévorante, mais dont les affres sont pleines d'horreur.

Mort dont rien ne peut plus sauver le malheureux, ni les remèdes, ni les soins, ni les veilles, ni même l'amputation, car le sang se vicie, et à mesure que les vaisseaux s'altèrent, à mesure que la purulence monte et gagne le cœur, elle étouffe le blessé, l'étreint, le brise, et lui fait une agonie si terrible, qu'on ne souhaiterait pas un trépas semblable à son plus cruel ennemi.

Que de fois déjà, depuis qu'elle soignait les blessés, Madeleine, s'approchant le matin du lit d'un de ses malades, avait entendu le chirurgien demander à celui-ci d'une voix tranquille, et comme si cette question était presque sans importance :

— Vous n'avez pas de frisson ?

Le plus souvent ce mot effraie si peu le malade qu'il sourit en y répondant ; il croit, hélas ! qu'il s'agit d'une fièvre ordinaire.

Parfois il dit avec une sorte d'indifférence :

— Ah ! ce n'est rien, monsieur le docteur, j'ai été sujet à des fièvres dans le pays... C'est vrai, j'ai eu hier un claquement de dents... c'est passé !...

Alors le médecin, serrant la main du malheureux pour lui rendre le courage, avait ajouté en parlant à l'infirmière :

— Soignez-le bien, ce brave garçon, donnez-lui tout ce qu'il voudra.

Le blessé remercie !

Il est perdu.

Johann avait-il donc le frisson mortel ?

Le transport dans les caves, l'air humide lui causaient-ils ce tremblement continuel, ou bien ce signe fatal annonçait-il l'infiltration purulente?

La purulence! la mort en détail, fibre par fibre, veine par veine, le sang vivace et pur remplacé par la sanie, les chairs rongées tombant lentement lambeau par lambeau et laissant parfois apparaître les os dénudés...

La purulence! c'est en face des ravages qu'elle cause, des tortures qu'elle inflige, que l'on se demande s'il n'y aurait pas de l'humanité à terminer brusquement par une mort stupéfiante des douleurs sans adoucissement, sans guérison possible!

Et Johann avait le frisson...

— J'ai froid! répétait-il.

— Il est perdu... murmurait Madeleine. Cependant elle résolut de lutter contre son découragement, afin d'éviter surtout d'inquiéter davantage son ami.

D'ailleurs il était possible que le changement subit de température et de nouvelles conditions hygiéniques causassent chez le malade le tremblement qui effrayait si fort la jeune fille.

Madeleine courut chercher des boules d'eau chaudes, réchauffa les membres glacés du jeune homme, lui prépara une potion calmante et sudorifique.

L'effet de ces soins multipliés dépassa les espérances de la pauvre enfant; un bienfaisant sommeil s'empara du blessé, la chaleur revint à ses membres, non pas une chaleur sèche et brûlante, mais égale et saine, indiquant le retour à la santé !

Malgré la fatigue, Madeleine, qu'avaient épuisée huit nuits de veille, ne consentit à prendre aucun repos. Elle resta près du lit de son cher malade, épiant ses moindres mouvements, paraissant deviner ses rêves.

Sans doute un songe rappelait au soldat de la landwehr la journée des fiançailles qui l'avait vu si joyeux et si fort, car il murmura :

— Jérémias avait raison....., du sang..... partout du sang et du feu....

Et Johann fit un geste pareil à ceux des enfants craintifs qui demandent un appui pour leur faiblesse.

Sa main, qui se levait indécise, rencontra celle de Madeleine.

— Je vais mieux, dit-il, beaucoup mieux.

Malgré cette assurance, malgré l'amélioration qu'elle constatait dans l'état de son fiancé, Madeleine cependant ne se sentait pas tranquille d'une façon absolue. Elle attendait avec impatience la visite du chirurgien.

Dès qu'il entra dans la salle, elle courut à lui :

— Par pitié, Monsieur, dit-elle, commencez aujourd'hui votre visite par le lit de Johann.

— Je ne puis changer l'ordre habituel, mon enfant, répondit le chirurgien... Peut-être d'ailleurs le ferais-je moins pour lui que pour tout autre..... L'ambulance est pleine de Français, nos compatriotes, nos défenseurs, et si l'humanité me commande de soulager un ennemi, elle ne m'ordonne pas de le préférer....

Madeleine rougit, pâlit et parut prête à défaillir.

— N'êtes-vous donc pas une véritable Alsacienne ? demanda le docteur.

— Je suis la fiancée de Johann, murmura la jeune fille en courbant la tête.

Le docteur eut pitié d'une si légitime angoisse.

— Je verrai Johann le premier, dit-il, rassurez-vous... Hélas ! ce n'est ni sa faute, ni la vôtre, ma pauvre, chère et vaillante enfant !

On eût dit que cette dérogation aux habitudes de la visite du docteur à l'ambulance était le prétexte et devait servir de signal à l'explosion mal contenue d'une longue rancune.

Dans tous les camps, même dans celui de l'humanité, l'ivraie se mêle au bon grain.

L'humanité naît et demeure imparfaite ; elle garde au milieu des préoccupations les plus grandes, des crises les plus douloureuses, des choses les plus admirables, des côtés petits, personnels, qui la rendent accessible à l'envie, à la colère, et finissent par amener la persécution du faible, heureux doit-il s'estimer quand cette persécution n'entraîne pas sa perte.

Comment le secret de Madeleine, secret murmuré si bas à l'oreille du docteur que lui seul l'avait entendu, fut-il cependant connu de tout le personnel de l'ambulance ? Nul ne saurait le dire, mais on l'apprit.

A partir de ce jour on traita la pauvre fille en brebis galeuse.

On ne pouvait l'accuser de paresse, de lâcheté, de manque de dévouement, on lui fit un crime de sa fidélité au fiancé que lui avait donné son père, avant que les hostilités séparassent deux pays voisins vivant en paix.

On ne se demanda pas si les deux jeunes gens se pouvaient haïr pour cette seule raison que deux nations en venaient aux mains. On voulut faire un crime irrémissible à Madeleine de sa constance à garder la foi jurée, et bientôt circula comme une injure ce nom qui lui fut donné par toutes ses compagnes et servit à la désigner : — la fiancée du Prussien !

On prit à tâche d'entraver Madeleine dans les soins qu'elle donnait à Johann.

A peine la voyait-on près du lit de son fiancé qu'on accourait la demander pour un autre service. D'autres fois, sur le point de lui donner un ordre, on s'arrêtait sur un mot plein d'une cruelle réticence.

Madeleine, tout entière à son inquiétude pour Johann, à son dévouement pour tous, à la préoccupation de son cœur pour Louis et pour Mâche-Balle, ne devinait rien des sentiments hostiles qui naissaient autour d'elle et l'enveloppaient comme un filet enserre un oiseau.

Mais Johann, immobilisé sur son lit par la souffrance et dont les sens de malade atteignaient une délicatesse inouïe, suivait des regards hostiles, saisissait des gestes menaçants, entendait des injures cruelles.

Il crut devoir en avertir sa fiancée.

— Madeleine, lui dit-il un soir, tandis qu'assise

à son chevet elle tentait de lui faire oublier les douleurs du présent en lui montrant l'avenir, Madeleine, le mal n'est pas seulement autour de nous, mais en nous ; le danger n'existe pas seulement pour ceux qui se battent pendant les sorties ou tirent le canon sur les remparts, il existe même ici, Madeleine, et malgré moi j'attire sur vous la douleur et la honte...

— La honte ! fit Madeleine avec un fier regard.

— Cela vous surprend ! Vous ne pouvez admettre que votre dévouement soit souillé par des bouches venimeuses... et cependant cela est...La haine dont nous sommes l'objet à Strasbourg, nous soldats badois forcés de marcher au feu quand nous aurions voulu continuer à conduire la charrue, retombe sur ceux qui nous prennent en pitié, nous consolent, et nous aiment... Il faut cesser de me soigner, de me veiller, de me ressusciter, Madeleine... Il faut donner à d'autres vos soins encourageants. Il faut parler de Dieu, de la patrie et de la famille à vos compatriotes; il faut que je reste pour vous, moi, peut-être le plus infortuné de tous ces hommes, l'ennemi, le Prussien !... Je m'étonne parfois que la rage dont presque tous les cœurs sont remplis contre moi ne se manifeste pas par quelque scène épouvantable et sanglante... Pliez sous la loi qui nous sépare, Madeleine, cédez sous le fardeau de malheurs qui nous écrase... Pauvre enfant ! A l'heure où je croyais qu'il me serait donné de vous offrir les joies de la famille, j'ai réclamé de vous tous les héroïsmes, toutes les privations... Je vous demande ce sacrifice encore.... le plus dur, celui de paraître infidèle à votre tendresse, hypocrite à votre cœur.

— Jamais ! dit Madeleine ; n'insistez pas, je croirais que vous ne m'aimez plus !

— Ne plus vous aimer, Madeleine ! je vous donne la plus grande preuve de mon attachement et de mon respect en vous prévenant de ce que l'on trouve ici... La fille du soldat Mâche-Balle est soupçonnée, non pas seulement d'avoir une préférence envers un blessé, mais de perpétrer une suite de trahisons pour l'Alsace et pour sa bonne ville assiégée. On vous regarde comme une renégate, et si jamais le secret de la nuit où Kobold vous amena dans notre camp était connu, je ne répondrais plus de votre salut.

— Et qu'importe ! si je réponds de moi devant Dieu.

— Madeleine, poursuivit Johann, je vous en

supplie, renoncez à me veiller, laissez-moi aux soins d'autres gardiennes... elles n'auront sans doute, ni la même bonté touchante, ni la même tendresse, mais persister à vous dévouer à moi, comme vous l'avez fait jusqu'à cette heure, serait une imprudence, une sorte de bravade inutile, sinon dangereuse... Songez que votre réputation sera mise en jeu....

— Je ne vois que vous, répondit Madeleine.

Johann soupira profondément. Il insista, mais sans parvenir à vaincre une obstination généreuse.

Cependant Madeleine ne devait pas tarder à comprendre la vérité et la justesse des paroles du jeune homme.

Deux jours après cet entretien, la jeune fille faisait une lecture à son fiancé, quand on amena de nouveaux blessés à l'ambulance.

Tous les bras devenaient nécessaires. Madeleine reprit son service d'infirmière, et courut à l'escalier pour aider à transporter dans une des salles les malheureux que les brancardiers descendaient sur des matelas, avec des peines infinies.

On venait de placer sur des lits deux soldats; puis un ouvrier blessé en traversant une place, quand sur le dernier matelas que l'on descendit dans les cryptes de la souffrance on aperçut le corps d'une malheureuse femme... A côté d'elle se trouvaient deux petits enfants, dont l'un évanoui avait la tête entourée d'un mouchoir plaqué de taches rouges, tandis que l'autre, pâle comme si la mort en avait déjà fait un cadavre, demeurait immobile, les deux jambes brisées, renfermées dans des attelles garnies de paille, à travers laquelle filtraient des flots de sang trouant le matelas et rougissant les dalles... Cette femme, cette mère, venait d'être atteinte par un éclat d'obus, au moment où elle sortait de sa cave pour aller chercher la nourriture de ses enfants. N'osant laisser les pauvres petits seuls, elle les avait pris dans ses bras... le même projectile en l'atteignant à l'épaule avait blessé le plus jeune au front, car sa petite tête reposait sur l'épaule maternelle, et le dernier aux deux jambes...

En apercevant cette famille infortunée, un cri de pitié jaillit de tous les cœurs dans les salles de l'ambulance.

A ce cri répondit une exclamation de haine contre les assiégeants.

— Mort aux massacreurs de femmes et d'enfants !

— Haine aux Prussiens !

— Malédiction sur les ennemis de l'Alsace et de la France !

Puis une voix plus implacable ajouta :

— Il reste un Prussien ici !

Madeleine en cet instant tenait dans ses bras l'enfant qui avait les jambes broyées. Un mouvement instinctif de tendresse craintive lui fit tourner les yeux du côté du lit de Johann.

Ce mot : — Il reste un Prussien ici ! — ne pouvait être qu'à l'adresse de son fiancé. Il devenait une menace terrible, que suivraient, hélas ! des représailles épouvantables et doublement cruelles, puisqu'elles s'exerçaient sur un homme sans défense.

Une des infirmières comprit le sentiment qui remplissait d'effroi l'âme de la jeune fille ; loin de la prendre en pitié, de venir à son aide, elle releva la parole maudite et arrachant brutalement l'enfant blessé des bras de Madeleine :

— Arrière ! dit-elle : la fiancée des ennemis de la France n'a que faire dans les endroits où agonisent et meurent les enfants de l'Alsace... Allez près du lit de votre *libeschass ;* nous panserons les victimes qu'ils font dans nos murs et que vous n'êtes pas digne de soigner...

Madeleine blêmit de honte, mais elle recula en baissant le front.

L'infirmière ne se tint pas pour satisfaite de sa cruelle victoire, elle ajouta d'une voix âpre :

— Si mes compagnes avaient autant que moi la haine de la Prusse, et de tout ce qui lui tient par quelque lien que ce soit, vous partiriez d'ici, la belle mercière de l'*Agneau de saint Jean !* quant à moi, je le jure, je m'éloignerai si vous n'en êtes pas chassée.

— Chassée !... balbutia Madeleine, qu'ai-je donc fait, mon Dieu !

— Oui, chassée ! et non pas vous seulement, mais ce soldat de la Prusse, ce Badois, ce bandit ! qu'il meure comme un chien dans la rue, sous les débris de nos maisons incendiées par ceux de sa race !

Deux femmes s'approchèrent menaçantes du lit de Johann, et un convalescent lui intima, d'une voix assourdie par la rage, d'avoir à quitter l'ambulance pour éviter un malheur.

Le pauvre garçon était dans l'impossibilité de lutter, il se résigna, et du bras qui lui restait libre il rejeta les couvertures couvrant sa poitrine, comme pour l'offrir aux coups.

L'étincelle avait allumé un incendie. La colère,

la haine prirent les proportions d'une tempête. La voix de l'humanité ne pouvait plus être entendue.

Un Strasbourgeois à qui on avait fait l'amputation d'une jambe saisit sur sa tablette un gobelet d'étain, et le lança dans la direction du lit de Johann.

— Le lâche! dit une voix vibrante d'indignation.

Soudain, Madeleine se trouva près du lit du blessé, l'œil en feu, la lèvre tremblante.

— Ce n'est plus le patriotisme qui vous anime, dit-elle, car le patriotisme est une noble et grande passion, et vous cédez en ce moment à tous les instincts mauvais... Cet homme est-il un ennemi? c'est un blessé, un frère! la balle qui l'atteignit l'a rendu sacré pour tous, même pour vous! je vous ai appelé lâche, vous l'êtes doublement, car vous menacez sa vie, à lui, étendu sur une couche de douleur, la poitrine et la tête entourées de bandes ensanglantées.... et vous m'atteignez dans mon honneur, moi! me donnant le titre de fiancée du Prussien quand mon père et mon frère se battent pour vous! à moi, qui, depuis le premier jour de cette abominable guerre, n'ai cessé de me dévouer à toutes les infortunes. Je n'ai rempli que mon devoir, soit ! mais enfin je l'ai fait ! Et j'en garde assez la conscience, pour avouer devant vous ce titre que vous m'avez lancé comme une injure, une menace, une malédiction : oui, je suis la fiancée de Johann Schawb, le Badois, et la guerre finie je deviendrai sa femme !

— La fiancée du Prussien à mort ! comme l'ennemi lui-même, la misérable ose nous braver !

— La mort, soit ! ajouta Madeleine, mais les premiers coups seront pour moi, je vous le jure, car jamais je n'abandonnerai ce malheureux ! son danger me le rend plus sacré, plus cher que jamais, je subirai sans crainte, sans honte, le double crime de votre injustice ! et je le sais, il ne retombera que sur vous !

Le langage ferme de Madeleine imposa un moment à ses ennemis et aux adversaires de Johann, et peut-être la jeune fille l'aurait-elle emporté dans cette lutte, si un malade, lisant un journal à la clarté de la lampe, ne s'était écrié soudainement en laissant échapper la feuille :

— On parle de rendre la ville !

Alors se passa une scène navrante, indescriptible.

Un groupe furieux se précipita sur le lit de Johann, accablant l'infortuné d'injures, de menaces, l'insultant du regard, des lèvres, brandissant sur lui les poings et les couteaux.

Le blessé, renversé sur les oreillers, tenait les yeux fermés et croyait son heure suprême arrivée.

Quant à Madeleine, vivant bouclier, elle opposait ses bras et sa poitrine aux coups dont elle tremblait à chaque instant que l'on assommât l'infortuné. Elle ne parlait plus, elle ne priait pas, les larmes se séchaient dans ses yeux. Toute son attention se fixait sur le groupe hostile, toute sa vie se concentrait dans ses prunelles.

Enfin, redoutant d'être vaincue, dans cette lutte, et voulant tenter un dernier effort, elle passa son bras autour du cou de Johann, le souleva dans son lit de souffrance, l'enveloppa à la hâte dans sa couverture sombre, et douée d'une force surnaturelle, elle l'enleva, et, marchant à reculons, pour tenir encore tête à l'orage, elle gagna l'escalier avant que l'on osât s'opposer à cette tentative héroïque et désespérée.

Mais la jeune fille avait trop présumé de ses forces. Arrivée à la quatrième marche, elle chancela sous le poids de son fardeau. Heureusement Johann put de son bras valide se retenir contre le mur et s'arc-bouter sur ses jambes. Madeleine se releva chancelante, rassembla toute son énergie et vit Johann presque debout.

— Viens, dit-il, je puis me soutenir maintenant.

D'une main il s'appuya sur l'épaule de Madeleine; tous deux continuèrent à gravir la spirale de l'escalier.

Ils étaient arrivés au dernier degré; pâles et glacés comme des cadavres, ils allaient tous deux franchir le seuil de l'ambulance, quand un homme leur barra le passage.

C'était l'aumônier.

— Où allez-vous, mon ami? demanda-t-il à Johann.

— On a voulu me tuer, répondit le Badois.

— On m'a chassée, ajouta Madeleine.

— Les malheureux! s'écria le prêtre, oui, les malheureux qui ne trouvent pas la charité au fond de toute douleur.

— Laissez-nous partir, monsieur l'abbé, répéta Madeleine.

— Où menez-vous ce pauvre blessé?

— Chez moi, dit fièrement la jeune fille, sous le toit du soldat Mâche-Balle qui l'acceptait pour gendre.

L'aumônier éloigna doucement la fille du zouave.

— C'est moi qui reconduirai Johann au lit qu'il occupait, dit-il ; c'est moi qui obligerai vos compagnes à vous rappeler, ajouta-t-il.

Johann céda à la volonté du prêtre, ou plutôt il essaya de lui obéir, mais, en dépit de sa bonne volonté, il se sentit faillir et s'évanouit tout à fait.

Pendant que Madeleine lui prodiguait des soins, l'abbé descendit dans les salles souterraines.

Il y resta quelques minutes.

Quand le digne prêtre remonta suivi des infirmières, celles-ci prièrent doucement la jeune fille de leur pardonner.

— Ah ! répondit Madeleine, si je ne le faisais pas par charité, je le ferais encore par raison... Nous sommes tous trop écrasés par nos malheurs pour y joindre encore la souffrance de haïr.

XI

LA MORT D'UNE VILLE.

L'heure de l'agonie de l'Alsace approchait.

Strasbourg ne pouvait tenir à la fois contre la famine et contre le bombardement. La faim accomplissait son œuvre lente, pendant que les canons poursuivaient leur ruine brutale. On avait menti sur la situation de Strasbourg, comme on devait mentir sur celle de Metz, pour terminer par mentir à Paris. L'armée s'était montrée brave, héroïque, la population courageuse au delà de toute expression, s'oubliant elle-même pour ne songer qu'à la patrie, se consolant de ses maux, de ses ruines, de ses deuils, à la condition qu'on la laissât française.

Française ! ce titre n'était plus qu'une apparence vaine, un son menteur ; les malheurs de la ville et les succès des assiégeants avaient suivi une marche progressive, logique en sens opposé. Depuis que l'infanterie badoise s'était emparée de la gare du chemin de fer, les échecs s'étaient suivis, coupés par des tentatives désespérées, et dont on ne pouvait attendre d'autre résultat que de sauver l'honneur de l'armée. Que pouvait une garnison de dix mille hommes contre les cent mille hommes qui investissaient Strasbourg ? On en faisait sortir trois ou quatre mille ; ils se battaient en héros ; on les décimait ; le reste rentrait à l'aube dans la ville ; chaque sortie l'appauvrissait de défenseurs. Il eût fallu jeter une armée nouvelle sur les assiégeants, les disperser, les hacher, les anéantir... Strasbourg l'attendait, cette armée libératrice... Étendue sur sa croix, la cité martyre se soulevait pour demander :

— Vient-elle ?

L'armée ne venait pas...

On se battait encore, on priait toujours.

Nul ne saura, sinon les Alsaciens eux-mêmes, de quel amour l'Alsace aimait la France !

Dans les nuits du 22 août, puis du 24, la garnison avait fait des prodiges, elle les renouvela le 2 septembre, puis le 10... Le sang coulait... On laissait des prisonniers, des morts... les blessés encombraient les ambulances, et l'armée de secours n'apparaissait pas...

Le 14 septembre, la troisième parallèle était ouverte et les Allemands couronnaient le glacis. Six jours après dès l'aube la lunette 63 fut prise, à onze heures du soir on s'emparait de celle portant le numéro 52. L'assaut devenait imminent.

Il était certain que la vaillante troupe d'assiégés serait vaincue, écrasée, le général Uhrich ne se crut pas le droit de sacrifier inutilement la vie d'un grand nombre d'hommes. Comme l'avait écrit plus d'une fois le général, les sorties qu'il avait faites avaient été chèrement payées et n'avaient servi qu'à imposer le respect à l'ennemi. Les derniers jours, les nuits suprêmes de luttes dépassèrent en angoisses tout ce que l'on avait ressenti jusque-là. Tant qu'à la suite de la lutte on avait attendu la victoire, on courait aux remparts, on répétait les héroïques sorties, mais l'heure approchait où il faudrait céder la citadelle, ouvrir les portes de la ville, et voir changer la couleur de son drapeau.

A cette pensée les larmes montaient aux yeux des plus stoïques, car ceux-là seuls qui savent se battre et mourir savent dignement aimer la patrie...

Quelques-uns voulaient tomber l'arme en main sur le rempart qu'ils avaient défendu héroïquement. Mais de tous les cœurs qui saignèrent, aucun ne souffrit plus que ceux du général, des magistrats qui avaient assumé sur eux la responsabilité de la bataille. Hélas ! ils pouvaient répondre de leur bravoure, de leur stoïcisme, et non du triomphe.

Quand ils se trouvèrent en face de la nécessité, ils mirent leur grandeur à s'avouer vaincus, plaçant au-dessus des droits de la guerre les droits plus sacrés de l'humanité.

Les remercîments du général à la population, aux chefs de l'armée, furent empreints de cet attendrissement profond qui nous arrache des cris d'admiration et des larmes de sympathie quand il vient d'âmes vraiment fortes.

Le conseil de la défense tout entier suppliait la population de porter fièrement son infortune imméritée; en même temps il lui annonçait que la garnison française, quittant la ville avec les honneurs de la guerre, serait remplacée par l'armée allemande. Ce fut dans la ville une consternation générale. Les habitants s'enfermèrent chez eux, on mit aux fenêtres des drapeaux noirs.

Mais, docile aux sages conseils qu'elle avait reçus,

la population garda une silencieuse attitude, on n'entendit pas une menace et pas un coup de fusil ne fut tiré pendant que les troupes prussiennes défilaient dans les rues.

Johann n'eut pas le courage de se réjouir de ce qu'il pouvait cependant regarder comme une victoire des siens, il ne vit que la douleur de Madeleine, et une crainte terrible lui envahit le cœur.

— Si la famille du zouave Mâche-Balle ne me pardonnait pas de me trouver du côté des vainqueurs ? pensait-il.

Le pauvre garçon laissa deviner son angoisse à Madeleine.

— Mon père est juste, répondit-elle.

— Et s'il vous défendait de devenir ma femme?

— Je pleurerais, je prierais, répondit Madeleine.

— Et vous obéiriez ?

— J'obéirais ; avant de m'engager à vous aimer, j'avais juré de rester une fille respectueuse et soumise.

— Ah ! murmura Johann, pourquoi ne suis-je pas mort près du bouquet de bois d'Ostwal en vous défendant !

— Ne vous découragez pas, répliqua Madeleine,

les honnêtes gens ne se manquent jamais à eux-mêmes.

Le jour même où cet entretien avait eu lieu, on transféra les blessés dans des salles aérées ; ce soulagement physique amena une grande amélioration dans l'état de la plupart des malheureux.

Madeleine, rassurée désormais sur le salut de Johann, courut à la maison du porche.

Elle trouva les volets ouverts, la boutique rangée et des acheteurs à qui Joviale, quoique triste et fatiguée, faisait l'accueil cordial d'autrefois.

— Mon père ? demanda Madeleine.

— Patience ! mon enfant, il viendra, car d'après son ordre j'ai tout fait préparer ici, et sa chambre l'attend... Eh ! tiens, ne le vois-tu pas qui paraît en haut de la place ? Il tire sa moustache comme jadis ; seulement il détourne la tête en passant devant notre église.

Une minute après, Mâche-Balle serrait sa fille dans ses bras.

— Tu as bien souffert et tu es bien pâle, lui dit-il ; Dieu nous donnera sans doute plus tard la compensation de tant de douleurs et de hontes... Assez pour moi et pour nous ! c'est à toi que je pense, c'est de toi qu'il s'agit... Tu t'es sans doute demandé ce qu'allait devenir un projet formé avec tant de joie ? rassure-toi, Madeleine, tout s'arrangera s'il plaît à Dieu ; j'irai aujourd'hui même m'informer de la santé de Johann, et voir en hommes de cœur ce que lui et moi nous pouvons faire.

Madeleine embrassa Mâche-Balle en pleurant.

Elle voulut laisser au zouave toute liberté d'entretien avec le soldat de la landwehr, et, pendant que Mâche-Balle allait à l'ambulance, elle acheva de nettoyer la maison.

Hélas ! quand de la fenêtre elle regarda la place, la ville, les rues, combien tout lui parut morne !

Si les Allemands n'y avaient de temps à autre fait retentir leur bachique chanson, on eût pensé que Strasbourg était devenue une nécropole.

Ses monuments détruits encombraient les rues de leurs ruines ; dans tous les quartiers béaient des trous noirs où jadis s'élevaient des maisons joyeuses. Églises, colléges, couvents, tout était anéanti, on marchait sur les cendres, comme si l'on pénétrait dans une ville engloutie sous l'éruption d'un volcan.

Lorsque Mâche-Balle revint, il trouva un sourire pour rassurer sa fille.

— Maintenant, lui dit-il, le danger est passé, toute chose rentre dans l'ordre, reprends ta place ici, mon enfant ; la femme avait le droit de se montrer vaillante à l'heure du péril, on lui saura doublement gré de reprendre aujourd'hui ses habitudes paisibles. Dans quelques jours Johann en pleine convalescence viendra te voir.

— Combien vous êtes bon ! dit-elle, oui, tout va pour le mieux ainsi.

A l'heure du repas, Joviale dressa le couvert ; le zouave et les deux femmes allaient se mettre à table, quand le bruit d'un chariot accourant à grande vitesse retentit dans la rue, en face de l'*Agneau de saint Jean*. Les hennissements d'un cheval se mêlaient au fracas des roues, au sifflement d'un fouet, et Madeleine s'élançant vers la porte cria :

— C'est le poulain noir !

— Et Kobold avec ! l'un ne va pas sans l'autre ! ajouta une voix sortant des profondeurs d'une carriole.

Le bossu sauta sur le pavé, attacha son cheval à l'un des piliers, lui jeta une botte de foin en lui donnant une caresse, puis, prenant un jambon et un énorme pain blanc, il monta le tout non sans peine et le porta dans la salle, tout en disant à Madeleine cent mots affectueux.

Après avoir déposé ses provisions, dont les pauvres affamés de Strasbourg avaient grand besoin, Kobold embrassa Mâche-Balle et Joviale, et quand ce fut le tour de Madeleine il ne put s'empêcher d'éclater en sanglots.

— Laissez-moi, lui disait-il, ne me consolez pas, cela me fait du bien, car c'est de joie que je pleure... Dieu vous a donc sauvée, ma sœur, vous que j'ai failli perdre, et perdre par ma faute !

— Sauvée, oui, et Johann est hors de danger... Mais nous sommes avides d'apprendre des nouvelles de Gottlieb et de Jutta, de tant de braves gens éprouvés, ruinés par la guerre.

Kobold secoua la tête avec une sorte de désespoir.

— La nature est meilleure pour les choses que pour les hommes, dit-il ; dans un an si le voyageur traverse nos vallées, il trouvera la moisson liée en javelles ; la charrue, la semence, la pluie et le soleil auront réparé les désastres. L'arbre ébranché aura de jeunes rameaux, et le tronc coupé donnera des touffes de feuilles et de pousses vertes. Les maisonnettes en ruines s'entoureront de lierre et de vigne masquant les trous des boulets et les traces des balles... On aura rebâti plus d'une ferme, et si l'homme négligeait de cultiver son champ, le printemps se chargerait de le métamorphoser en parterre... Mais hélas ! il n'en est pas de l'homme comme de l'arbre... Hans, le brave Hans dont vous aimez la femme et dont vous caressiez les enfants...

— Roschen est veuve ? demanda Madeleine.

— C'est pis peut-être, car elle gardera la charge d'un infirme, d'un impotent, d'un invalide. Hans, guéri d'une légère blessure et n'écoutant que son courage et le sentiment du devoir, retourna au combat peu de jours après l'affaire de l'Ostwald... et il eut les deux jambes emportées par un boulet... L'amputation ayant été reconnue nécessaire, il la subit avec courage, ne voulant pas mourir, disait-il, avant d'avoir embrassé Roschen et ses enfants... A la place de ce laboureur infatigable, de cet homme robuste qui chargeait seul un chariot de foin et suffisait pour moissonner un champ, Roschen aura pour compagnon un malheureux trébuchant sur deux jambes de bois, inhabile à guider ses bœufs, à moissonner, à botteler le fourrage, et que le désespoir de son inutilité tuera lentement.

— Pauvre Roschen ! dit Madeleine, elle ne méritait pas une telle épreuve.

— Elle la supporte avec un grand courage. Néanmoins, la première fois qu'elle vit Hans marchant sur des jambes de bois, elle ne put s'empêcher de tomber à genoux en fondant en larmes. Hans lui-même, brisé d'émotion, tomba plutôt qu'il ne s'assit auprès d'elle.

— J'aurais mieux fait de mourir... murmura-t-il.

Ce mot rendit à Roschen le sentiment de son devoir.

— Et tes enfants ? dit-elle.

— Que deviendront-ils maintenant, et qui les nourrira?

— Moi! s'écria Roschen, et j'en fais le serment par ta chère vie, que je remercie Dieu de m'avoir conservée ; jamais on ne les verra mendier.

Lorsque la pauvre Roschen raconta cela à Gottlieb, mon grand-père l'approuva fort et lui promit de lui aider quand on serait de retour au village... Au village! encore un mot que nous ne devrions plus dire, car il n'existe plus de village, la ferme est brûlée, et nous serions sans ressource, si je n'avais trouvé le moyen de réaliser comme cantinier d'assez beaux bénéfices.

Kobold tira une lourde bourse de sa poche et la posa sur la table.

— Elle renferme plus de frédérics d'or que de florins, dit-il, je vous la confie, et nous verrons plus tard en famille l'usage que nous en devons faire.

— Ne retournerez-vous point où furent les *Houblons?* demanda Mâche-Balle.

— Dans huit jours passez le Rhin en bateau, puisque les ponts sont brisés... vous aussi Mâche-Balle, et Joviale et Louis avec vous, s'il est possible... Johann se trouvera également à ce rendez-vous... Fritz et Wilhelm, que Dieu nous a gardés dans sa miséricorde, manqueront à l'appel, car ils sont et resteront soldats quelques années encore... Venez jusqu'à l'endroit où le plus haut amas de débris et de cendres vous prouvera que s'élevait jadis la belle ferme des *Houblons...*

— Nous y serons, dit Mâche-Balle.

— Et maintenant, amis, adieu jusqu'à ce rendez-vous. Je vais voir Johann ; lui aussi fera ce pèlerinage aux champs dévastés, au village détruit... Au revoir, et croyez-le, jamais l'âme de Kobold ne changera pour vous.

Le bossu embrassa les deux mains de Madeleine,

serra celles de Mâche-Balle et remonta dans sa carriole, il avait hâte de voir Johann et d'oublier un peu dans les épanchements de la tendresse les douleurs passées, les maux présents, les incertitudes de l'avenir

XII

LA PLACE OU L'ON AVAIT SEMÉ.

Un long cortége de vieillards, de femmes, d'enfants, quittait la lisière d'une forêt de sapins et gagnait la route coupée d'ornières profondes creusées par les roues de chariots, de caissons, de voitures, qui avaient transporté, deux mois auparavant, tout le matériel de la guerre.

Les visages de ces pauvres gens trahissaient de longues fatigues et des privations cruelles.

Les chevaux et les bœufs suivant la caravane ne paraissaient guère en bon état, quelques chiens affamés restés fidèles à leurs malheureux maîtres jappaient et aboyaient avec une sorte de joie, comme s'ils comprenaient déjà que l'on regagnait des lieux connus, aimés, chers comme des berceaux et sacrés comme des tombes.

Derrière le convoi quelques charrettes remplies de pauvres ménages aidaient encore à transporter les malades de cette colonie errante.

Ces malheureux étaient les anciens habitants du petit village de Kehl dont la ferme des *Houblons* faisait jadis partie.

Malgré son grand âge et son infirmité, Gottlieb marchait en avant, appuyé sur l'épaule de Jutta. Près de lui se tenait Roschen, ses enfants dans les bras. La jeune femme restait silencieuse, et de temps en temps, quand les larmes menaçaient de déborder ses paupières, elle couvrait de baisers le front des petites créatures qui dormaient sur son épaule, et retrouvait de la force dans cette caresse.

Les proscrits de la guerre cheminaient depuis trois heures quand ils aperçurent, au détour de la route, le Rhin toujours bleu courant entre deux rives dévastées ; un soupir souleva leur poitrine.

Le Rhin c'était une part de leur vie ancienne retrouvée...

Mais sur ses bords chacun chercha vainement la place de sa maison, le bouquet d'arbres abritant son toit... On avait abattu les arbres, et l'incendie avait dévoré la maison...

Aussi loin que le regard s'étendait, il découvrait une steppe immense, un désert sans bornes, désolé... Alors le fleuve lui-même, changeant d'aspect, devenait pour ces infortunés un de ces fleuves bibliques sur les rives desquels on s'asseyait pour pleurer.

A mesure que la caravane des paysans avançait vers le but du voyage, la désolation grandissait dans les groupes, et d'amers sanglots retentissaient au sein de cette foule éprouvée par tous les revers successifs que la guerre entraîne après elle.

Quand les habitants du village s'enfuirent, chassés par l'incendie, par le canon et par la mitraille, ils obéissaient à l'instinct de la préservation, et ne trouvaient à ce moment rien de plus cher que la vie; mais après la fièvre de la terreur, après les souffrances de toutes sortes endurées pendant le siége de Strasbourg, ils revenaient dans la vallée où jadis s'élevaient leurs cabanes, et, ne voyant autour d'eux que des ruines, s'abandonnaient à un désespoir qui, étouffé durant plusieurs semaines, se manifesta bientôt avec une explosion déchirante.

A mesure qu'ils arrivaient dans leur vallée, les groupes se dispersèrent. Chaque famille s'isola de la colonie, celui-ci cherchait le cimetière où dormaient ses morts, celui-là son champ, cet autre son pré... Hélas ! ni bornes ni limites... Le nivellement de la misère était partout. A force de regarder, de chercher, de comparer, on retrouvait un point de repère. L'incendie semblait avoir voulu laisser des jalons de reconnaissance. Et ce fut avec le sentiment d'une joie amère que Jutta reconnut debout noirci par le feu un des montants sculptés de la porte de sa ferme. Un naufragé n'embrasse pas avec plus d'ardeur une épave rejetée par l'abîme que cette femme, si orgueilleuse jadis, ne colla ses lèvres sur ce débris unique de la ferme opulente dans laquelle s'était passée sa jeunesse.

Gottlieb, guidé par elle, entoura ce poteau d'un de ses bras et s'assit sur le monceau de pierres qu'il surmontait.

Immobile et pensif, il attendait qu'autour de lui la première explosion de douleur fût apaisée.

Il connaissait assez le cœur humain pour savoir qu'aux grandes crises du désespoir succède une prostration absolue, suivie bientôt d'un moment de calme pendant lequel il est possible de faire entendre la voix de la consolation.

Il faut laisser à la douleur le temps de s'user elle-même, car dans le premier moment de son acuité elle repousserait les paroles d'espérance qu'un moment plus tard elle accueillera.

Le soleil était déjà haut à l'horizon quand des voix connues frappèrent l'oreille de l'aveugle. Jutta tourna les yeux du côté où elles se faisaient entendre.

— Madeleine ! murmura-t-elle d'une voix sourde. On eût dit que ce nom renfermait d'amères rancunes et des appréhensions funestes.

— Ne vous attendiez-vous pas à la revoir ? demanda le bourgmestre.

— Je sais, répondit Jutta, que Johann a été blessé à Ostwald en la défendant, et que deux jours après ce combat le mari de Roschen tombait sur le champ de bataille les deux jambes coupées par un boulet que Mâche-Balle avait peut-être pointé...

— Oh ! silence ! dit Gottlieb avec autorité, silence au nom du ciel ! N'ajoutez pas aux malheurs qui vous frappent : ne semez pas la haine où il ne faut que l'oubli, et ne divisez point quand il s'agit d'unir...

— Aussi, demanda Jutta, rien n'est changé dans vos projets...

— Rien, si les Miller acceptent de vivre comme

je vais le proposer à ceux qui furent mes amis, mes enfants, et qui, je l'espère, me suivront jusque dans l'exil.

Le visage austère de Jutta prit une expression plus farouche, mais elle n'osa combattre la volonté du vieillard.

Madeleine s'avançait lentement appuyée sur le bras de son père. Elle était vêtue de noir, portant le deuil de sa patrie vaincue comme elle avait porté celui de sa mère.

Louis marchait à quelque distance, la tête baissée, les sourcils froncés. Il paraissait redouter l'entrevue qui allait avoir lieu et s'y rendre à contre-cœur.

La figure de Mâche-Balle gardait l'empreinte d'une mâle tristesse, et ses doigts tremblaient, quand, s'approchant de Gottlieb, il lui serra la main.

Jutta détourna la tête pour éviter de regarder la famille Miller et murmura quelques mots inintelligibles.

Cet accueil glaça Madeleine, elle se sentit défaillir de douleur, de honte, d'angoisse, et ce fut en fondant en larmes qu'elle tomba à genoux devant Gottlieb.

L'aveugle posa ses deux mains sur sa tête :

— Pourquoi pleures-tu, ma fille, lui demanda-t-il, est-ce ta faute? as-tu, pauvre enfant ! commandé cette guerre, et dois-tu porter la peine d'une sanglante folie ? Ceux qui se sont battus dans des rangs opposés sont-ils forcés de se haïr, maintenant qu'ils ont déposé les armes ? Ah ! Jutta ! poursuivit l'aveugle en s'adressant à sa bru, au lieu de repousser l'enfant que vous accueilliez jadis, vous devriez la remercier d'avoir veillé, soigné votre fils aîné, qui, sans elle, eût été déchiré, assassiné, en raison de cette haine injuste, fratricide, criminelle, à laquelle vous obéissez en ce moment... Jutta, loin de maudire le ciel et les hommes, ne devriez-vous pas envoyer au ciel une fervente action de grâces, pour le bénir de vous avoir gardé tous ceux que vous aimiez... Fritz et Wilhelm sont sains et saufs, les autres...

Le bourgmestre fut interrompu par l'arrivée d'un chariot traîné par un petit cheval noir avec une rapidité folle, vertigineuse et presque magique.

On eût dit que l'intelligente bête reconnaissait les champs dans lesquels elle avait jadis trouvé le sainfoin rose et la luzerne parfumée. Elle humait l'air, relevait sa fine tête, rejetait sur son cou la crinière qui l'aveuglait parfois en couvrant ses yeux brillants comme des charbons.

Un hennissement joyeux accompagna bientôt le galop fantastique ; enfin le poulain s'arrêta : un petit homme sauta à bas de la charrette, puis aida avec toute sorte de précautions son compagnon de voyage à sortir du chariot rembourré de paille fraîche.

— Grand-père, dit Kobold, Johann aurait pu difficilement faire le trajet à pied, je l'amène en voiture comme un grand seigneur... Ni lui ni moi n'avons voulu manquer au rendez-vous que vous aviez assigné à la famille.

— Dis-le à tout le village, mon fils, ajouta le bourgmestre après avoir embrassé le bossu.

— Les voisins, les amis sont-ils là ? reprit le vieillard en s'adressant à sa bru.

— Tous, répondit Jutta d'une voix âpre, hormis les morts... Hatto, fusillé comme déserteur et qui commença la liste funèbre, Judic, qui se suicida pour ne pas prendre le fusil... le mari de Lilit, tombé à la première rencontre, celui de la grande Barba noyé dans l'Ill avec son jeune frère.... Vous ne verrez pas non plus Ludmar le rouge, Hug le meilleur scieur de blé du pays... les trois enfants de la vieille Taub sont ensevelis dans la plaine sanglante... le charpentier Topp et son fils sont au fond d'un fossé, avec le charron du village...

— Nous prierons pour les morts, dit le bourgmestre en soulevant son chapeau avec respect, mais je vous le demande, Jutta, les vivants sont-ils tous ici ?

— Tous, je le crois, répondit-elle.

Gottlieb se leva, agita l'un de ses bras et appela les pauvres gens de la voix et du geste.

Un moment après les paysans se groupaient autour de lui.

Ils ne parlaient pas, et le front penché, l'âme envahie par un désespoir profond, ils restèrent autour de Gottlieb, pendant que quelques femmes s'asseyaient sur leurs talons et rapprochaient les enfants de leur poitrine gonflée de soupirs.

Gottlieb demeura debout, s'appuyant sur le montant à demi calciné de sa porte. Malgré les pensées douloureuses dont son cœur était rempli, la sérénité brillait encore sur son front vénérable.

Ceux qui depuis cinquante ans avaient coutume de le consulter dans les circonstances graves s'attendaient, à cette heure, à recevoir de lui un sage conseil capable de ranimer leur énergie.

— Mes amis, mes enfants, dit le bourgmestre d'une voix émue, nous revenons tous dans nos champs, et il nous semble que nous foulons une terre étrangère... Là où nous abritions des berceaux, les bombes ont fait leur trouée... là où se dressait la table de famille, l'incendie a tout détruit... Le sol est tellement tourmenté que la terre bénite elle-même a rejeté de son sein les os de nos aïeux... Nous trouvons du sang sur les routes, du sang dans les prés, du sang sur les cendres de nos foyers... des cadavres engraissent le terrain où nous semions le blé, des cadavres nous barrent le passage quand nous traversons une route. Au printemps, quand nous verrons l'herbe plus touffue dans un champ, nous frissonnerons en nous disant : Il y a un mort ici... Les familles décimées ne trouveront plus le compte des êtres chéris... nul dans ce village autrefois prospère ne peut aujourd'hui se réjouir, car l'épreuve nous a tous atteints... Nous sommes vainqueurs ! nous dit-on. Je vous dis, moi : Nous sommes ruinés ! Le paysan maudit la guerre, et il a raison : la guerre prend tout sans lui rien donner... le paysan veut la paix, rien que la paix... Elle est signée, paraît-il, et les soldats déposent les armes, mais la France sanglante et meurtrie ne se relèvera-t-elle jamais pour nous reprendre ce que nous venons de conquérir ?... Eh bien ! je vous le jure, jamais horreurs pareilles à celles dont j'ai été témoin ne se renouvelleront sous mes yeux... Plutôt que d'entendre encore le tonnerre de la bataille, plutôt que de fuir devant le bombardement et l'incendie, je me condamnerai moi-même et tout de suite à l'exil... J'abandonnerai l'Allemagne, je quitterai ce vieux monde trop étroit pour les ambitions des hommes... Je ne veux pas que de nouveau la conscription et la landwehr me prennent mes fils... Je ne veux pas les voir armés contre mes amis... Je ne souffrirai point que l'on dépeuple mon foyer, au profit d'ambitions qui me sont étrangères... L'histoire de ma famille est celle de toutes les vôtres. Ce que j'éprouve, vous devez le ressentir... Nous aimions la France et la France nous aimait... On a rendu ces deux nations rivales, puis ennemies... elles ne se pardonneront jamais ! Jamais ! excepté si le trône de l'Allemagne vient à crouler... si la petite pierre qui descend toujours des montagnes pour briser les statues d'or et d'argile l'étend sur le chemin, à son tour humiliée et vaincue... Eh bien ! moi, je repousse la haine, jamais ce sentiment n'a trouvé place dans mon cœur... Ne pouvant plus librement témoigner à la noble France mes sympathies d'autrefois sous peine d'être accusé de trahison, j'ai résolu de quitter ma patrie, d'abandonner mes champs dévastés et de prendre la route d'une contrée où l'on ait le droit de vivre en paix.

— Quitter l'Allemagne ! murmurèrent des voix.

— Il est, reprit Gottlieb, un pays libre qui donne à tous les émigrants pauvres et vaillants à la besogne un champ à cultiver. Il est un pays où le ciel est pur, où des forêts, plus magnifiques que les nôtres, fournissent à l'homme le bois de sa cabane et le plant de son verger, où la liberté grandit sans dégénérer en licence. Eh bien ! à ce pays dont tant d'Allemands ont frayé le chemin, j'irai demander un champ, un asile, la liberté de grouper les miens autour de moi, sans craindre qu'un roi ne me prenne mes fils et que le feu ne brûle ma cabane. Que ceux qui veulent le calme pour leur vie et la sécurité pour leurs tentes me suivent en Amérique. J'y ferai rebâtir une ferme dix fois plus vaste que celle des Houblons ; les buffles de là-bas remplaceront bien mes bœufs, le blé viendra vite dans une terre plus fertile. Mes amis, vous êtes actifs, industrieux, faites comme moi ; une sage colonie prospère vite. La misère vous rongerait ici, ayez la volonté d'être un jour opulents, et vous le deviendrez !

— Il a raison, dirent plusieurs voix ; jamais en Allemagne nous ne nous relèverons du coup qui nous frappe.

— Mâche-Balle, poursuivit Gottlieb en s'adressant au soldat, votre fille est la fiancée de mon Johann, venez avec nous, et créez dans le nouveau monde la nouvelle Alsace ! Vous ne pouvez plus rester à Strasbourg, vous souffririez trop d'y voir des uniformes prussiens !

— Vous venez d'exprimer ma pensée, Gottlieb, dit le zouave ; après des revers pareils il faut s'expatrier. Ici l'on forcerait nos deux familles à se haïr, là-bas elles continueront de s'aimer...

Jutta jeta autour d'elle un long regard, puis elle reporta ses yeux sur Johann.

Le jeune homme serrait la main de Madeleine, et l'on comprenait à l'expression de son visage que ce projet de départ remplissait tous ses vœux.

— Partons ! partons ! dirent plusieurs voix.

— Eh ! le pouvons-nous seulement ? dit Roschen, il ne nous reste rien, pas même une pierre où reposer notre tête !

— Il reste à chacun une part de la fortune de tous, dit Gottlieb. Il ne s'agit pas ici d'adopter les préceptes de fous en délire qui veulent le partage des biens parce qu'ils n'ont rien en propre, mais de comprendre la première loi chrétienne qui fut celle de la charité universelle, de l'aide fraternelle. Nous ne pouvons en ce moment nous regarder comme faisant partie d'un pays florissant, nous sommes des naufragés, mettons en commun nos épaves. Je commence par offrir à la colonie d'émigrants qui me suivra en Amérique le produit de la vente de mes bestiaux réalisée avant la guerre ; j'y joindrai la valeur des champs que je vais vendre... Chacun de vous m'imitera, donnant plus ou moins, mais sans réserve, car tous ceux qui prendront passage formeront là-bas une tribu de frères, une seule famille unique...

— Béni soyez-vous, Gottlieb, s'écrièrent des voix émues !

Sur l'emplacement de ce village jadis si florissant et où nul ne pouvait reconnaître la place où il avait planté, les pauvres gens firent le serment de vivre dans l'union la plus parfaite et de reconnaître le vieux bourgmestre pour leur chef.

Cette résolution ramena le calme dans les esprits.

Après les grands désastres, le cœur avide d'espoir s'attache à la plus mince espérance, et ce fut avec une sorte de tranquillité que les émigrants activèrent les préparatifs de leur départ.

Les terres se vendirent presque avantageusement et Joviale traita de la liquidation de l'*Agneau de saint Jean* à des conditions acceptables. L'excellente femme n'eût jamais consenti à se séparer de sa fille d'adoption.

Les Miller s'exilaient, elle s'exilait avec eux ; ce dévouement succédant à des dévouements anciens lui semblait la chose la plus naturelle du monde, et la fiancée de Johann, accoutumée à la tendresse de Joviale, ne songeait pas à s'en étonner.

Il avait été convenu qu'une dernière fois, quand l'heure de quitter la patrie aurait sonné, les habitants du village se retrouveraient au cimetière ; l'adieu suprême devait être pour les morts...

Chaque émigrant, ne pouvant emporter les os de ses pères, voulait garder au moins un peu de la poussière natale qui les recouvrait.

Quand ce pieux devoir fut rempli, le bourgmestre aveugle ordonna à Johann de faire l'appel.

A mesure que le jeune homme prononçait le nom du chef d'une famille, celui-ci répondait pour lui et pour les siens. Quand il arriva à celui de Jérémias, le mendiant, qui s'était couché sur une tombe, se leva tout droit en agitant les bras.

— Qu'ils s'en aillent vers d'autres terres, dit-il, les oiseaux qui peuvent voler soutenus par leurs ailes..... Les cigognes, les grues et les hirondelles émigrent, les hiboux et les corbeaux restent dans leurs trous et leurs vieux nids... allez! J'ai reçu de vous du pain, des habits, des kreutzers, je vous souhaite ce que vous ne me laisserez pas : l'espérance... Je ne quitterai pas les ruines du village où j'ai vécu, et le vieux mendiant dormira dans ce cimetière, soignant jusqu'à sa dernière heure les tombes des pères pour les fils qui s'en vont... Vous faites bien de partir, il a coulé trop de sang... Vous faites bien de partir, la terre tremble encore...

Jérémias retomba agenouillé sur un tombeau, et nul ne put le décider à quitter cette funèbre enceinte.

— Mes amis, ajouta Gottlieb, il me reste un souhait à former. J'ai ouï dire qu'après un naufrage on avait coutume de mettre au nouveau canot la sainte image placée à la proue de l'ancien, quand la tempête la rendait au rivage... Il est resté de ma maison une vieille sculpture représentant l'arche abordant en Arménie ; emportons ces débris comme une bénédiction pour la maison que nous bâtirons là-bas...

On obéit au souhait du vieillard, et quand la petite troupe se mit en marche pour Strasbourg, le naïf bas-relief était dans le chariot de Kobold.

Les émigrants rejoignirent la famille Miller.

Mâche-Balle, Louis, Joviale, étaient prêts, car leurs dernières dispositions avaient été vite terminées. Il n'en fut pas de la sorte pour le Kobold. Pendant plusieurs jours on le vit chargé de paquets mystérieux, préoccupé d'achats, d'emballages, surchargé d'adresses, de quittances, de factures.

Gottlieb l'interrogea sur les négociations, mais le bossu répondit en riant qu'ayant toujours vécu à sa guise, il prétendait continuer, et que, si les émigrants fondaient une colonie libre à Montréal, il voulait être le plus libre de tous.

— Cependant, grand-père, ajouta-t-il d'une voix grave, je ne me reconnais pas le droit de garder le silence, si vous m'interrogez comme chef de la famille, comme patriarche de la tribu.

— Non, mon enfant, répondit le vieillard, j'ai

parlé en ami, te laissant toute latitude d'agir, parce que tu dois comploter quelque bonne et généreuse surprise pour quelqu'un.

— Ah! vous devinez tout! s'écria Kobold.

Avant de quitter Strasbourg, Madeleine fut unie à Johann.

La fiancée pour qui jadis le jeune maître des Houblons ne trouvait point d'assez riche parure, et qui se promettait d'étaler le jour de ses noces une naïve et innocente coquetterie, marcha à l'autel en habits de deuil; la jeune Alsacienne portait le deuil de l'Alsace.

Le prêtre qui les maria leur adressa une allocution touchante; il n'appela pas seulement les prospérités de ce monde et les bénédictions du ciel sur le nouveau ménage, il les demanda pour toutes les familles qui s'en allaient loin de leur pays chercher le droit à la paix, à l'union, à la vie! Il supplia l'ange des voyageurs de les guider, de les suivre, de fonder avec eux l'*Alsace nouvelle*... Il leur montra dans l'avenir une colonie florissante, unie, au sein de laquelle la foi s'épanouirait, puisque tous professaient le même culte et prenaient pour point de départ les traditions apostoliques...

— Heureux, leur dit-il, le prêtre qui conduira

ce troupeau, heureux le pasteur d'un tel bercail !
Soyez bénis par le Maître des choses ! Bénis par le
Prince de paix ! Soyez bénis par Celui qui fait les
nations grandes, à la condition qu'elles restent
chrétiennes !

Les émigrants se courbèrent sous la main qui se
levait sur eux.

Le prêtre rejoignit après la messe les émigrants
sous le vestibule de la chapelle.

— Vous avez dit heureux le pasteur de ce bercail, lui dit Gottlieb, mais nous n'avons pas de
pasteur... Peut-être notre colonie se trouvera-t-elle
longtemps privée d'un aumônier... Vous êtes
aussi de l'Alsace, mon père !... nous partons ! restez-vous ?

— Je n'étais que prêtre, je deviens missionnaire ! s'écria l'abbé Raymond, je partagerai là-bas
votre vie.

L'émigration des habitants du petit village fut
un signal ; de tous les côtés de l'Alsace on vit des
familles françaises préférer, à la honte du vainqueur, un exil volontaire à la domination de la
Prusse.

Les voyageurs arrivèrent au Hâvre, puis s'installèrent à bord de la *Cybèle*; quand le vaisseau fut en pleine mer, Kobold dit à Madeleine en lui désignant les nombreux colis entassés sur le pont :

— Voilà ma pacotille, petite sœur ! avec mes profits de cantinier, j'ai acheté assez de mercerie, de bimbeloterie et de toiles d'Alsace pour vous permettre d'ouvrir là-bas une nouvelle boutique à l'*Agneau de saint Jean*.

Mâche-Balle, qui fouillait en ce moment une racine de buis en figure de Poméranien surmontée d'un casque à paratonnerre, se baissa vers le bossu et l'embrassa, pour ne pas montrer qu'il avait une larme dans les yeux... Mais cette larme du vieux soldat roula sur sa moustache grise et mouilla le front du Kobold...

FIN.

TABLE DES MATIÈRES

	Pages.
I. — Le bourgmestre aveugle	5
II. — Madeleine	37
III. — Promesses	60
IV. — Levée de troupes	93
V. — Enrôlements volontaires	117
VI. — La ville assiégée	141
VII. — Les proscrits de la guerre	169
VIII. — L'espionne	183
IX. — A l'ambulance	205
X. — Lutte mortelle	229
XI. — La mort d'une ville	253
XII. — La place où l'on avait semé	267

Paris. — Imprimerie St-Michel. — G. Téqui. — Apprentis de St-Nicolas. — 92, rue de Vaugirard.

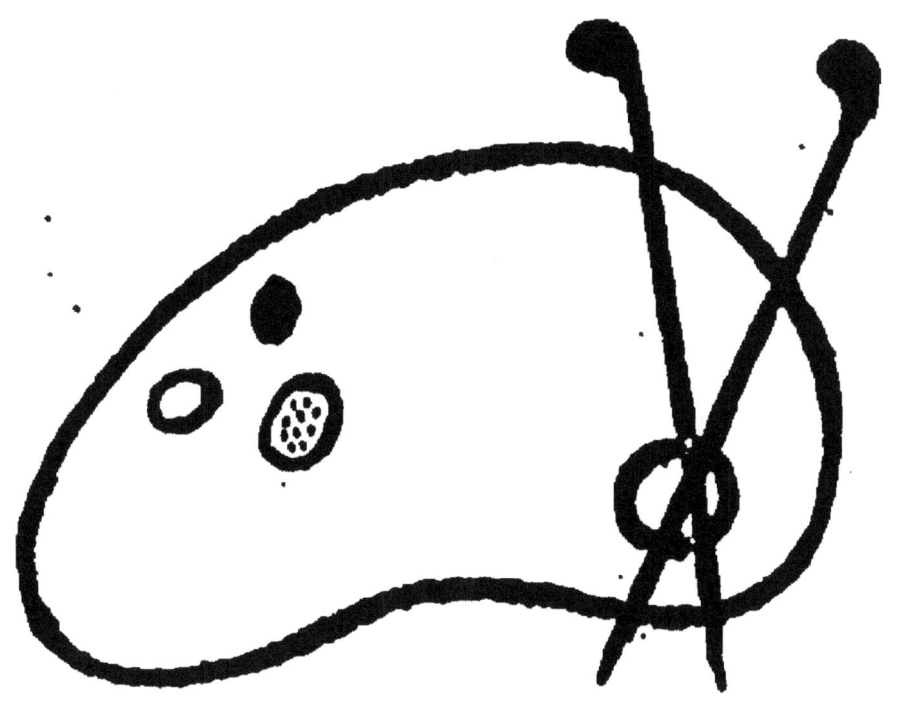

Original en couleur
NF Z 43-120-8

www.ingramcontent.com/pod-product-compliance
Lightning Source LLC
Chambersburg PA
CBHW070740170426
43200CB00007B/590